오늘
내 마음은
명상

아리미쓰 고키 지음
이미주 옮김

오늘
내 마음은
명상

하루 한 번,
나를 배려하는
셀프 컴패션 연습

RHK
알에이치코리아

차례

Chapter 1

남에게는 따뜻하지만 나에게는 차가운 우리

Chapter 2

나에게 너그러워지면 새로운 '나'를 만날 수 있다

Chapter 3

나의 하루를 명상으로 평온하게 채우다

지금 우리에게 필요한 건,
나를 배려하는 힘

 내가 나를 '좋다', '괜찮다'라고 변함없이 느낄 수 있다면 늘 행복하지 않을까? 그렇지만 세상에는 언제나 좋은 일만 있는 것은 아니다. 받아들이기 어려운 현실 앞에서 우리는 너무 쉽게 상처 받는다. 우리에게는 힘든 현실을 마주했을 때 현실을 받아들이고, 자신을 배려하여 상처를 치유하고, 마음을 긍정적으로 되돌릴 힘이 필요하다. 그런 힘이 있다면 어떠한 상황에서도 평정심을 유지할 수 있을 터이다.

 우리 대부분은 괴로운 일이나 곤란한 일, 불합리한 일에 직면했을 때, 분노와 슬픔 같은 감정에 사로잡혀, 우울하고 혼란한 마음을 안고 살아왔을 것이다. 설사 그랬을지라도 자기 자신을 잃지 않고, 평소의 역량을 그대로 발휘하는 것은 결코 어려운 일이 아니다. 이 책에서는 그 방법으로서 지금, 현재의 자기 자신을 받아들이고, 나에게 너그러워지는 '셀프 컴패션'을 제안한다. 셀프self는 자기 자신, 컴패션compassion은 근심과 고통을 사라지게 만드는 따뜻한 애정을 말한다. 즉, 나를 배려하라는 이야기이다. '부족한 나를 받아들여도 될까?', '겨우 그걸로 행복해지다니 믿을 수 없어', '현실에 안주하지 말고 더 노력해야 해'라고 생각할 수도 있다. 우리는 대부분 그렇게 배웠고, 그것이 당연한 줄로만 알았다.

유치원 운동회에서 있는 힘껏 달렸을 때. 초등학교 시절 구구단을 완전히 외웠을 때. 중학교, 고등학교 축제에 내가 만든 작품이 전시되었을 때. 대학교 입학시험에 통과했을 때, 취직이 결정되었을 때…. 이제껏 열심히 노력한 다음에는 반드시 누군가의 평가가 기다리는 삶을 살아왔다. 노력이 보상받는 순간의 기쁨도 잊을 수는 없다. 그러니 "노력하지 않아도 돼.", "나에게 너그러워지는 게 좋아."라는 말에 전혀 공감하지 못하는 사람도 분명 있을 것이다.

우리에게는 스스로를 배려하는 힘이 필요하다. 일을 잘하려면 일상적인 스트레스에 유연하게 대처해야 한다. 또 어려운 일이 닥쳐도 다시 일어설 만한 인내력도 있어야 한다. 자신에게도 타인에게도 친절해지면, 가정에서의 가족 관계와 직장에서의 인간관계에서 균형을 잡을 수 있다.

　최근 사회적으로 '희생을 통해서 경쟁에서 이기고 성장한다'
라는 가치관에서 벗어나 변화를 바라는 요구가 갈수록 늘어나
는 듯하다. 공교롭게도 이 책을 집필하던 즈음, 신종 코로나바
이러스가 전 세계를 덮쳤다. 당연시하던 생활이 불가능해졌다.
동시에 감염의 공포, 재택근무 스트레스, 경제적 불안 등으로
수많은 사람이 부정적 감정의 소용돌이에서 헤어나오지 못하고
있다.

　불안감이 커진 이유는 감염병의 유행이 언제 끝날지 알 수 없
고 어떻게 대처해야 할지 모르는 문제이기 때문이다. 권고하는
바와 같이 외출을 자제해도, 자주 손을 씻어도, 사태는 전혀 나
아질 기미가 보이지 않는다. 재택근무에 점점 지쳐가고, 회사
실적은 나빠져 미래가 불투명하기만 하다. 주체할 수 없는 감정
은 화풀이 대상을 찾아 가족에게 폭언이나 폭력을 일삼고 사회
에 분노하고 자숙하지 않는 사람에 대해 맹렬히 비난하는 방식
으로 표출되고 있다.

　지금이야말로 우리에게 필요한 것은 있는 그대로를 받아들이
고 서로를 배려하며 협력하여 힘든 상황을 헤쳐나갈 힘이다.

　이 책에서 소개하는 '셀프 컴패션'은 나와 타인의 행복을 바
라고 배려하는 마음을 전하는 것을 기본으로 삼는다. 묵묵히 힘

오늘 내 마음은 명상

내고 있는 나에게 친절한 마음을 가져보자. 마찬가지로 애쓰고 있는 주변 사람에게도 배려하는 마음을 전해보도록 하자.

　우리는 일상생활에서 여러 가지 고민을 안고 살아간다. 가족 간의 사소한 짜증부터 이혼에 이르는 심각한 문제, 이유 없이 괴롭히는 직장 상사나 도저히 이길 수 없는 직장 동료 등. 이러한 인간관계 속에서 나에게 친절해지는 방법뿐만 아니라 불편하거나 싫어하는 사람에 대해서도 친절해지는 자세를 연습할 것이다.

　굳이 왜 싫어하는 사람까지 배려해야 할까? 그것은 앞서 말한 바처럼 당신의 행복을 위해 모두에게 친절해지는 것도 중요한 요소이기 때문이다. 일상의 순간순간마다 자비를 보인다면 배려하는 마음은 서서히 커질 것이다. 연습 방법으로서 3장의 '소소한 행복으로 하루를 채우다'에서는 아침에 일어나 잠들기 전까지 일상을 보내는 법에 관해서 설명한다.

　구글에서 도입하여 마인드풀니스로 유명해진 사내 연수 프로그램 'SIY Search Inside Yourself(너의 내면을 검색하라-옮긴이)'에도 타인을 위해 컴패션을 높이는 명상법이 포함되어 있으며, 그 중요성을 강조한다. 프로그램의 고안자이자 초창기 구글 엔지니어인 차드 멍 탄Chade-Meng Tan은 회사에서 상대를 배려하는 마음으로 일하면 상호 이해도가 높아져 서로 협력하게 되고, 신뢰도가 올라가 결과적으로 회사 전체의 성과가 좋아진다고 했다.

아쉽게도 연수 프로그램의 과학적 증거는 내가 아는 한 아직은 없다. 그럼에도 연수를 받고 나면 마인드풀니스로 인해 집중력이 높아지고 스트레스가 경감되어 업무 성과가 좋아졌다는 것이 세상에 알려졌다. 그러나 실제로는 어느 정도의 확률로 이러한 효과를 얻는지 모를뿐더러 리스트도 공표되어 있지 않다. 연구와 실천을 실행하는 우리 과학자 입장에서 보면 매우 중대한 사태이다.

마인드풀니스나 컴패션은 확실히 비즈니스나 일상생활에서 활용이 가능하다. 마음속 깊은 곳에서 작용하는 만큼 효과도 크게 실감할 수 있을 것이다. 그런 이유로 여러분이 왜 효과가 있는지 이해한 다음에 과학적 근거로 증명된 방법을 실천했으면 하는 바람으로 이 책을 집필했다.

'셀프 컴패션'이라는 마음가짐은 아직 널리 알려지지 않았다. 따라서 우선은 기본적인 개념부터 설명하고 과학적 근거와 함께 사례를 들어가며 연습 방법을 소개하려고 했다. 등장인물이나 소속 등은 가상으로 설정한 것이다. 자신에게 가혹했던 사람이 자신에게 너그러워지기까지의 과정을 여러분이 이해하는 데에 도움이 될만한 열다섯 가지 대표적인 사례를 준비했다.

이 책을 펼친 여러분이 가정에서도 직장에서도, 나의 인생도 동료와 가족의 인생도 소중히 여겨 어디에서나 행복해지기를 바란다.

아리미쓰 고키

Chapter 1

남에게는 따뜻하지만
나에게는 차가운 우리

셀프 컴패션으로
나를 안아주다

한국인과 일본인은 근면한 국민성으로 유명하다. 정시에 출근해 온종일 분주히 일하는 것을 미덕으로 여기는 문화에서 살아가고 있다. 심리학적 관점에서 보면 부지런함은 근면성이라는 퍼스낼리티personality 특성이 특징인데, 근면성이 높은 사람은 업무 성과도 좋다고 알려져 있다. 그러나 정작 한국인과 일본인이 다른 나라에 비해 높은 것은 근면함이 아니라 신경증 경향의 퍼스낼리티이다.

신경증 경향은 불안, 공포, 분노 등 부정적 감정에 사로잡히기 쉬운 특성을 가진다. 환경이 어떻든 평가가 좋지 않으면 스스로 만족하지 못한다. 이런 사람은 실패하지 않기 위해 업무에 신중히 임할뿐더러 부정적인 평가가 두려워 요구받은 것 이상으로 치밀하게 일하는 경향이 있다. 전 세계를 둘러보아도 이렇게 목숨 걸고 일하는 민족은 드물다. 아마도 한국인과 일본인의 업무 능력을 높게 평가하는 이유 중 하나가 아닐까 생각한다.

이들은 업무에서 자기희생적 자세를 보인다. 자기희생이란 자신의 욕구와 개인적 상황은 제쳐놓고 회사에 헌신해야 한다는 사고방식이다. 이를테면 나에 대한 배려는 무시한 채, 상사나 동료, 회사를 최우선으로 배려해 성과를 올리는 격이다.

학교나 가정에서 아이에게 늘 감사하라고 가르치곤 하는데, 누구나 감사하는 마음이 들면 보답하고 싶어지기 마련이다. 이런 자연스러운 감정으로 인해 회사를 위해 자기를 희생하고, 어느새 나에 대한 배려가 사라져도 무감각해지며 자기희생적 태도를 보이게 된다. 남을 도우면 기분이 좋아지고, 평소보다 더 노력하게 되며, 주위 사람과 유대감이 깊어지는 측면도 있다. 회사 측에서도 조직의 결속력을 강화하는 긍정적인 효과가 있으니 자기를 희생하는 사람을 인정해 준다. 하지만 안간힘을 써서 회사를 위해 일하다 보면 결국 자신이 희생될 수밖에 없다.

우리는 임무가 주어진 이상, 다른 사람을 위해 최선을 다하는 것이 미덕이라고 생각하는 문화에서 살고 있다. 자기희생이 고통은 아니라고 믿어버린 것일 수도 있겠다. 설령 타인이나 회사를 위한 노력을 고통스럽게 느낄지라도 '아무도 이해하지 못할 거야'라거나 '힘들어하다니 난 아직 멀었어', '쓸모없는 인간이야' 같은 자기 비판적 생각에 빠질 수 있다. 기업에서도 번아웃

오늘 내 마음은 명상

증후군이 심심치 않게 발생하고 악덕 기업이 여전히 생존할 정
도로 자기희생이 만연하는 모습이 현 실태이다. 이런 문화일수
록 좋든 나쁘든 있는 그대로의 나를 받아들여 고통이나 상처를
치유하는 셀프 컴패션self-compassion의 마음가짐이 필요하다.

　이쯤에서 간단한 연습을 통해 컴패션의 감정을 느껴보도록
하자. 이 책의 모든 연습 과정에는 눈을 감고 하는 부분이 포함
되어 있다. 그러니 소개된 방법을 모두 읽은 다음 연습을 시작
해야 쉽게 따라 할 수 있을 것이다.

 나를 안아주다

나를 안아본 적이 있는가? 이 연습에서는 양팔을 교차해 살포
시 자신을 감싸 안아 어떤 느낌이 드는지 알아본다.
몸으로 하는 동작이니 처음에는 아무도 없는 곳에서 시도하는
편이 좋을 것이다.

① 2~3회 정도 숨을 깊이 들이마시고 내쉰다.

② 내가 좋아하고 편안하다고 생각하는 장소에서 무언가를 느끼고, 보고, 듣고, 맛보고, 냄새 맡고, 만지는 모습을 머릿속으로 상상한다. 이미지가 그려졌다면 잠시 그 감각을 음미한다.

③ 그리고 자기 자신에게 너그러운 마음을 전하자. 나를 꽉 안아본다. 잠시 눈을 감고 느껴보는 것도 좋다. 어떤 느낌이 드는가? 그 감정을 마음에 담아두자.

④ 자신을 안은 채로 내가 좋아하고 편안하게 생각하는 장소에서 즐겁게 지내는 모습을 상상한다. 마음속으로 '오늘 멋진 하루가 되길, 무사히 지내길' 등의 바람을 마음속으로 빌어보자. 내가 바라는 바를 나의 언어로 소리 내지 않고 기원해 본다. 이 과정을 되풀이하면서 일어나는 감정을 마음에 새겨둔다.

어떤 느낌이 들었는가?

몸을 쓰다듬기만 해도 따뜻한 온기가 느껴질 것이다. 내가 나에게 안겨 본 소감은 어떠했는가? 행복을 빌었을 때, 내 마음과 몸에서 어떤 변화가 일어났는가? 어떤 감각이든 괜찮다. 기억나는 부분만이라도 그 느낌을 살펴보자.

만약 따뜻함, 배려, 애정과 같은 감정을 조금이라도 느꼈다면,

오늘 내 마음은 명상

그것이 컴패션이다. 여기서는 나를 향해 있기 때문에 '셀프 컴패션'이라고 부른다.

이 연습으로 느끼는 감상에 정답은 없다. 행복을 느껴도 좋고 아무것도 느끼지 않아도 좋다. 오히려 아무것도 느끼지 못한 사람이 이 책을 읽는 보람이 있지 않을까? 평소에 컴패션을 몰랐던 사람, 또 따라 하면서 부끄러웠던 사람, 기분이 좋지 않았던 사람은 연습 중에도 잡념만 떠올랐을 것이다. 그래도 여러 번 되풀이하면 반드시 배려를 느끼는 순간이 찾아온다.

어쩌면 나를 껴안는 행위가 어색할지도 모르겠다. 혐오감이나 위화감을 느껴도 괜찮다. 나를 소중히 여기는 감각을 키우려면 내가 나를 아낀다고 느낄만한 자세를 찾아야 한다.

다음 연습에서는 당신이 컴패션을 느끼기에 가장 좋은 자세를 찾아보겠다.

컴패션이 느껴지는 자세를 찾다

① 2~3회 정도 천천히 숨을 들이마시고 내쉰다.

② 심장 가까이에 손을 살짝 얹어 손바닥의 무게감을 느낀다.

　한 손이건 두 손이건 상관없다.

　손바닥에서 점차 온기가 전해져 올 것이다.

　호흡할 때마다 가슴이 들썩이는 것을 느낀다.

　눈을 감고 따뜻한 감각을 음미해 보자.

③ 내 손이 닿았을 때 배려를 느낀 부위와 접촉 방식을 찾는다.

- 오른손과 왼손을 서로 맞잡는다.
- 자신의 손을 쓰다듬는다.
- 한 손은 배에, 다른 한 손은 가슴에 얹는다.
- 양손으로 두 뺨을 감싼다.

　어떠했는가? 어디에서 가장 마음이 편안했는가? 느낌이 오는 자세가 있었는가? 그날그날 느끼는 바가 다를 수도 있다. 이 중에서 온기와 배려가 느껴지는 곳을 찾았다면 좋겠지만, 없는 사람도 있을 것이다. 포기하지 않고 이 연습을 몇 번 더 반복해도 좋고, 다음 단계로 넘어가도 괜찮다.

몸을 부드럽게 만지는 것만으로 옥시토신이라는 애정 호르몬과 행복감을 느끼게 하는 엔도르핀이라는 신경 전달 물질이 분비된다. 좋아하는 사람에게 안겼을 때, 아기를 안아주었을 때 비슷한 감각이 발생하는 원리이다. 하지만 여러 잡념이 뒤섞여 있다면 그 감각은 일어나지 않는다. 오로지 자기 자신을 위로한다는 마음으로 만졌을 때야말로 배려와 따뜻함이 느껴지고 잠시나마 미소 지을 수 있다.

완벽주의로 인한
자기비판의 목소리

잘해보려고 노력했으나 결과물이 만족스럽지 못했을 때, 어느 정도 목표를 달성했다고 생각했는데 좋은 평가를 받지 못했을 때, 이럴 때 간혹 자신에게 능력이나 재능이 없다고 생각하는 사람이 있다. 자신의 모자란 부분에만 주목하면 그 자체로 의기소침해지기 쉬운 법이다. 또 동료와 똑같이 애썼지만 나만 좋지 않은 평가를 받았을 때, 회시나 상사, 동료에게 화가 나는 사람도 있을 것이다. 이렇듯 타인에게 받는 평가를 일일이 신경 쓰다가는 우울하고 짜증 나는 일상에서 벗어날 수 없다.

다른 사람의 평가를 의식하면 본래 실력을 발휘하기 어려워지고, 다른 사람에게 완벽한 모습을 보여주려고 노력하는 꼴이 된다. 자신이 노력해 온 일을 '정말로 잘한 걸까' 의심하며 실수한 건 없는지 몇 번이고 다시 확인하게 된다. 이러한 노력은 분명 어느 정도는 보상을 받는다. 그러나 우리는 그에 만족하지 않고 더 높은 이상을 좇아 분발한다. 일의 완벽한 수행을 목표로 하면 실현은 더욱 어려워지고, 원하면 원할수록 '달성 불가능'이라는 좌절감만 거듭 맛보게 된다.

완벽주의에는 ① 자신을 향한 완벽주의 ② 타인을 향한 완벽주의 ③ 타인이 바라는 요구에 맞추려는 완벽주의가 있다. '자신을 향한 완벽주의'는 완벽해지고자 하는 내 안의 기준에 현실이 부합하는가를 의식하는 경향을 말한다.

이런 완벽주의는 현실의 내가 내 안의 기준을 충족하지 못하면 끊임없이 괴로워한다. '타인을 향한 완벽주의'는 타인에게 완벽을 요구하는 경향이 있으며, 자기 자신을 힘들게 하지 않는다. 반면, '타인이 바라는 요구에 맞추려는 완벽주의'는 자신을 향한 완벽주의와 마찬가지로 번뇌와 괴로움의 씨앗이다. 타인의 평가는 추측할 수밖에 없다. 아무리 열심히 했어도, 성과가 좋았어도, 자기 자신에게는 완벽했을지라도 타인에게서 좋지 않은 평가를 받을 가능성은 잠재하기 때문에 불안은 사라지지 않는다.

완벽주의인 사람은 보통 주위의 좋은 평가를 받지만, 완벽주의자인 자신은 스스로를 높이 평가하지 않거나 불안으로 인해 자기비판을 반복하여 무기력해지는 경향이 있다. 영업직, IT 기술자, 요양 보호사 등 타인의 요구에 응해야만 하는 일은 여러

분야에 걸쳐져 있다.

일본인은 상대방의 기분을 헤아려 행동하는 것을 미덕으로 여기고 '오모테나시(극진한 대접-옮긴이)'의 정신으로 타인의 기대에 부응하고자 최선을 다하는 면이 있다. 특히 상하 관계가 존재하는 타인에게는 지극히 예민하게 반응하고 도가 지나칠 정도로 일의 성과에 얽매인다. 기대에 부응하려는 달성 기준이 높으면 높을수록, 부족한 부분이 마음에 걸려 자기비판을 반복하게 된다. 이러한 경향을 띠는 사람 중에는 자기비판이라는 단어에 나쁜 이미지를 가지기는커녕 자신의 발전을 위해 필요하다고 생각하는 사람도 있다.

물론 실패했을 때는 반성하고, 칭찬받았을 때도 개선점을 찾아내는 일은 필요하다. 그러나 자기비판은 자기 평가에 흠집을 낸다. 그러니 우울한 기분이 이어지기 쉬워진다. 또 무언가를 성취했을 때, 순간의 기쁨이 따를지언정 결국 완전히 소진되어 버리기도 한다. 이것이 탈진 증후군, 번아웃 증후군이라 불리는 증상으로, 우울증 같은 정신 질환에도 영향을 미칠뿐더러 심하면 일을 그만둘 수밖에 없게 만든다. 목표가 높고 의욕적인 면은 그 사람의 강점이 되기도 하지만, 방식이 틀리면 스스로를 괴롭히는 일밖에 되지 않는다.

셀프 컴패션은 완벽하게 일을 해내지 않아도 타인과 나를 행복하게 만드는 방법이다. 실천하다 보면 '이미 난 충분히 나를

오늘 내 마음은 명상

배려해', '나에게 너그러워지라니 나약한 인간이나 하는 짓이
야'처럼 자신을 향한 자기비판의 목소리가 틀림없이 들려올 것
이다. 그러한 비판적인 모습의 자신도 받아들이고 마음의 평안
을 얻는 것이 셀프 컴패션이다. 이제부터 그 정의를 설명하며
상처받은 나를 치유하고 평온한 마음을 유지하게 만드는 스스
로를 배려하는 연습을 시작하도록 하겠다.

셀프 컴패션으로
'타인과의 연결'을 느끼다

가장 먼저 여러분이 상상하기 어렵지 않도록 일과 관련된 인간관계에서 발생하는 고민에 대해 다루겠다. 사례를 읽으면서 나라면 어떻게 대처할지 고민해보길 바란다.

직장 상사 때문에 괴로운 A

• • •

A는 회사 일 때문에 괴롭고 힘들다. 일 자체는 싫지 않지만, 업무량이 많고 괜한 트집에 화풀이를 일삼는 상사가 있기 때문이다. 매일 아침 일어나 출근하기 싫어도 힘내자고 스스로 다독이며 회사로 향한다. 직장에는 믿을만한 사람도, 고민을 들어줄

사람도 없다.

　직장인이 받는 대부분의 스트레스는 과도한 업무와 인간관계가 원인이다. 일이 바쁜 건 시간이 지나가면 나아지리라는 희망이라도 품을 수 있다. 하지만 인간관계가 문제일 경우, 상대방의 변화를 기대하기는 쉽지 않다. 말하자면, 이유 없이 트집 잡거나 비난의 소리를 들어도 포기하는 수밖에 없는 것이다.

　웬만하면 그 사람과 부딪치지 않으려고 눈도 마주치지 않고 이야기한다. 상대방이 자꾸 괴롭히면 괴롭힐수록, 그 상황에서 벗어나려고 회피하게 되는 것이 사람 마음이다. 도망치면 처음에는 안도감이 든다. 하지만 내 감정을 억누르고 상대가 제멋대로 하게 내버려 둔 채 도망만 다니다 보면, A의 사례처럼 수치심과 자기혐오로 인해 괴로움과 고통이 자신을 덮친다. 그렇게 스트레스가 쌓이다 보면, 끝내 출근조차 할 수 없을 정도로 지치게 된다.

　대개 직장에서 받는 스트레스의 대처법으로는 기분 전환을 한다, 즐거운 일을 한다, 상담을 받는다, 휴식을 취한다 등이 있다. 그런 방법은 확실히 마음을 긍정적으로 바꾸고 의욕을 북돋우는 면이 있다. 또 상담을 통해 공감을 얻고 위로를 받아 안심하고 일하게 되는 경우도 적지 않다. 문제를 해결할 수 없을 때는 자신의 감정 상태를 바꾸는 '정서 중심'의 스트레스 대처법이 유효하다고 한다. 일시적인 스트레스라면 감정의 변화를 유도하는 대처법이 효과를 보겠지만, 스트레스의 정도가 심하거나 매일 반복되는 경우라면 원래의 상태로 되돌아갈 방법으로는 역부족이다.

더욱이 A는 하루하루가 바쁜 탓에 기분 전환을 할 여유가 없을뿐더러, 날마다 상사에게 질책당하는 상황임을 고려하면 정서 중심 스트레스 대처법으로는 대응할 수 없을 가능성이 크다. 이런 곤란한 상황에서도 자신을 가장 좋은 상태로 유지하게 만드는 것이 셀프 컴패션이라는 마음가짐이다. A의 사례에서는 직장 생활에서 괴로움을 느끼고 있으니 스트레스 대처법으로서 '괴로움'이 사라질만한 기분 전환을 추천할 수 있다. 하지만 그 방법으로 일시적으로 기분이 나아진다 해도, 출근 시간이 다가올수록 '괴로움'을 느끼는 상태로 되돌아갈 우려가 있다.

A는 셀프 컴패션을 알게 되어 조금씩 시도해보았다. 처음에는 '스스로에게 친절하게 말을 걸리니?'라는 생각이 들었지만, 눈 질끈 감고 자신이 괴로워하는 모습을 상상하면서 친구에게 들을 법한 몇 가지 말을 건네보았다.

'힘들었겠다. 그런 상사 밑에서 용케도 잘 견뎠어'

A는 갑자기 눈물이 왈칵 쏟아졌다. 누구에게도 그런 말을 들은 적이 없었기 때문이다. 내 안의 친구는 이야기를 계속했다.

'이제 괜찮아. 내가 곁에 있잖아. 네 얘기를 들려줄래?'

오늘 내 마음은 명상

내 안의 친구는 나를 잘 이해해주었다.

'그런 일은 누구에게나 생길 수 있어. 그렇게 수치스럽게 여길 필요 없어. 너무 애쓰지 않아도 되니까, 조금 쉬어 가는 건 어때. 다른 사람에게 털어놓는 것도 좋은 방법이야'

A는 친절한 말에 감동했다. 이제껏 자신의 모자란 점에만 주목하며 이런 일로 괴로워하는 자신을 부끄럽게 여겼다. 그런데 따뜻한 말 한마디를 건네받은 것만으로 그 괴로움이 어느새 자취를 감췄다. 오히려 A는 '고마워'라고 속삭이는 얼굴에 미소가 떠올랐음을 알아차렸다. 조금이지만 긍정적인 기분을 느끼게 된 순간이었다.

셀프 컴패션은 먼저 자신이 겪는 '괴로움'의 존재를 인정하고, '많이 힘들었구나'와 같은 태도로 너그럽게 알아차린다. 알아차림은 자신의 감정을 있는 그대로 받아들이는 것이다. 스트레스 대처법처럼 '괴로움'의 정도를 평가하거나, 없애려 하거나, 다른 것으로 바꾸려고 노력하지 않는다. 지금 이 순간 내가 느끼는 '괴로움'에 그저 귀를 기울이고 받아들이는 것이 중요하다.

상처 입은 나 자신에게 그 고통과 슬픔에 직면하게끔 만드는 일은 쉽지 않다. 어떻게든 없던 일로 만들려고, 잊으려고 부단히 노력한다. 하지만 대항하다 보면 어김없이 불안, 공포, 분노가 생겨나기 마련이다. 부정적 감정에 대처하려고 하면 할수록 더욱 부정적인 감정을 느끼게 되는 것이다.

여기서 중요한 것은 '내가 나를 안아주는 자세'이다. 힘들어하는 나를 친구가 본다면 뭐라고 말할지 상상하면서, 자기 자신이 따뜻한 격려를 아끼지 않는 친구가 되어주는 것이다. 나를 잘 이해해주고 친절한 격려의 말을 건네는 자기 자신을 '자비로운 자기 자신'이라고 부른다. 자비로운 자기 자신은 가까운 친구처럼 괴로워하는 나에게 '지금까지 잘해왔어. 그만 괴로워해도 돼. 네가 잘됐으면 좋겠어'와 같은 위로의 말을 전하는 존재이다.

'자비로운 자기 자신'이라면 괴로워하는 자신을 너그럽게 받아들이고, 자신이 애쓴다는 사실을 잘 이해하기 때문에 안심하고 자신이 마음속에 담아두려 했던 감정을 알아차릴 수 있다. 이렇게 자신의 감정을 너그러이 바라볼 수 있게 되면, 조금은 홀가분해질지도 모른다.

자신의 괴로움을 수용해 나가면 보다 넓은 시점에서 모든 일을 받아들일 여유가 생긴다. 이제까지 억눌렀던 여러 가지 감정이나 사고가 터져 나올 것이다. 자신의 무능력함이나 직장에 대한 불만이나 분노 같은 부정적인 감정 이외에도 업무에 대한 고민거리나 동료와 상사가 노력하고 있다는 점을 알아차려 친절한 마음을 보내본다.

오늘 내 마음은 명상

어느새 '아, 완벽하게 처리하지 못했지만, 이건 다른 동료들도 마찬가지구나. 다들 노력하고 있어. 같이 한번 해보자!' 같은 감각이 발생하게 된다. 자신에게 친절해지면, 나도 동료도 상사도 나처럼 애썼지만 어쩌다가 실수한 것임을 깨달으며 타인과의 연결을 인식할 수 있다. A는 비로소 다시 일하려는 의욕이, 긍정적인 마음이 생겨났다.

나를 배려하는
셀프 컴패션의 세 가지 요소

    직장에서의 사례로 셀프 컴패션이라는 마음가짐에 대해 어느 정도 이해가 되었을까? 셀프 컴패션을 정의하고 세계에 알린 이는 미국의 심리학자 크리스틴 네프Kristin Neff 박사이다. 네프 박사에 따르면 셀프 컴패션은 어려운 상황에 처하더라도 자신에게 친절한 마음을 보이고, 자신의 감정을 있는 그대로 균형 있게 받아들이며, 자신의 괴로움은 타인에게도 공통되는 것으로 본디 인간 자체가 그러한 존재라고 인식하는 것이다.

    이렇듯 셀프 컴패션은 자신에게 친절한 마음을 보이는 '자기 친절', 자신의 감정을 있는 그대로 균형 있게 받아들이는 '마인드풀니스mindfulness(통칭 마음챙김-옮긴이)', 자신의 괴로움은 타인에게도 공통적으로 존재하고 그것이 인간의 본래 모습이라고 인식하는 '보편적 인간성'이라는 세 요소로 구성되어 있다.

오늘 내 마음은 명상

긍정적 측면	부정적 측면
자기 친절	자기비판
나의 잘못이나 실패를 받아들이고 너그럽게 격려한다.	내가 한 일을 '좋다, 나쁘다' 판단하고 엄격하게 질책한다.
마인드풀니스	과잉 동일시(Over-identification)
지금 현재 경험하는 감정을 편견 없이 수용하고 균형 잡힌 시각을 유지한다.	과거의 실패에서 헤어나오지 못하고 부정적인 감정에 사로잡혀 머릿속이 혼란스럽다.
보편적 인간성	고독감
나뿐만 아니라 타인도 마찬가지로 자신의 불완전함에 괴로워한다는 사실을 인식한다.	실패했을 때, 나만 쓸모없고 외로운 존재라 여긴다.

셀프 컴패션의 구성 요소

표를 살펴보자. 셀프 컴패션의 긍정적인 세 가지 측면과 더불어 정반대에 있는 '자기비판', '과잉 동일시', '고독감'이라는 부정적인 측면도 셀프 컴패션의 구성 요소이다. 셀프 컴패션에서는 부정적인 면조차도 필요하다고 여기기 때문이다. 셀프 컴패션 심리 척도 테스트(74~75쪽)로 개인 점수를 매길 수 있으니 참고하길 바란다.

셀프 컴패션이라는 말에서 컴패션만 본다면 '배려'나 '자비', '자애' 같은 의미가 떠오르지 않는가? 애초에 컴패션은 나에게만 향하는 감정이 아니라 타인의 고통을 목격하며 생겨나는 것으로 도와주고 싶다는 욕구를 불러일으키는 감정이다.

심리학에서 컴패션은 일시적인 감정 상태뿐만 아니라 괴로움에 대한 인지나 의도, 동기 부여를 포함한 개념으로 다루며, ① 괴로움에 대한 인식(인지적·공감적 인식) ② 그 괴로움에 의해 감정적으로 동요하는 동정(감정적 요소) ③ 괴로움의 완화를 보고 싶어 하는 염원(의도) ④ 괴로움의 완화를 도우려고 하는 반응이나 준비(동기 부여)라는 일련의 과정이라고 여겨진다.

이 같은 정의를 보면 공감만이 아니라 어떠한 의도와 동기도 포함되어 있음을 알 수 있다. 가장 일반적인 컴패션의 뜻은 '동정'인데, 단순한 동정심이나 공감력으로 받아들일 여지가 있다. 그런 이유로 이 책에서는 영문 표현 그대로 '컴패션'을 쓰기로 했다.

그럼, 컴패션과 타인에게 공감하는 것의 차이에 대해 구체적으로 이야기해 보자. 컴패션compassion은 타인의 고통을 없애고 행복을 바라는 감정으로, 누군가를 위하고 타인과 관계를 맺도록 동기를 부여하는 감정이다. 타인과의 관계를 통해 주관적인 행복감이 상승하고 그로 인해 다시 다양한 사람에게 컴패션이 향하게 되어 좋은 연쇄 작용이 발생한다.

한편, 공감empathy은 타인의 감정을 대리 경험하는 감정으로 누군가의 감정을 그대로 느끼는 것을 말한다. 타인의 고통에 공감했어도 그것이 감당하기 어려운 수준이라면, 자신을 지키기 위해 그 고통을 겪는 타인을 피해버린다. 어떤 사정으로 인해 그 사람을 피할 수 없을 때는 그 감정을 억누르고 견디며 도움을 주기도 한다. 이는 결과적으로 자기 자신이 몹시 지치게 되는 부정적인 결과가 발생한다. 이것이 공감 피로이다. 간호사나 요양 보호사에게서 자주 일어나는 현상으로 공감으로 인해 심리적 스트레스가 높아지는 예로서 잘 알려져 있다.

이처럼 컴패션은 긍정적으로 타인에게 향하는 감정인 데 반하여, 공감은 긍정과 부정의 양쪽 감정을 대리 경험하기 때문에 타인에게서 회피할 우려가 있는 감정이다.

여기서부터는 네프 박사의 정의에 따라 자기 친절, 마인드풀니스, 보편적 인간성이라는 세 가지 요소에 대해 알아보도록 하자. 먼저 아이 양육에 관련된 사례를 통해 세 가지 요소의 특징을 설명하겠다.

자녀 양육에 자신감을 잃은 B

• • •

B는 초등학교 5학년이 되는 아이가 좀처럼 말을 듣지 않아 마

음이 심란하다. 선생님에게 전해 듣기로는 숙제를 자주 잊어버린다고 하질 않나, 집에 돌아와서도 옷은 바닥에 내팽개쳐둔 채, 손끝 하나 까딱하지 않는다.

"숙제해야지.", "정리해야지.", "누구는 그렇게 잘한다더라." 등 여러 번 말해도 대꾸하는 시늉만 할 뿐이다. "엄마 말 안 들을 거면 집에서 나가!"라고 야단쳐도 아이는 "시끄러워!"라며 오히려 더 화를 내는 식이었다. '왜 자꾸 이런 일이 반복될까', '난 부모 자격도 없어'라는 자책과 함께 아이를 잘 키우지 못한다는 생각에 괴로웠다.

자녀를 키우다 보면 누구나 걱정거리 하나쯤은 달고 산다. 비슷한 또래의 아이와 내 아이를 비교하며 조금이라도 뒤처진다는 생각이 들면 '이대로 괜찮을까' 하고 아이의 미래를 불안해한다. 아이가 바람직하지 않은 행동을 할 때마다 불안은 점점 더 커진다. 설령 아이가 바람대로 자란다 한들 만족하지 못한다. 좀 더 높은 이상을 향해 그에 맞추려고 노력한다. 이상에서 조금만 벗어나도 여러 가지 대응책을 마련해서 아이를 좌지우지한다. 예를 들어, 성적이 시원찮아서 학원을 보냈는데 성적이 오르질 않는다면 또 개인 과외를 받게 하는 식이다. 아이의 생각이나 특성은 전혀 고려되지 않는다.

자신도 모르게 험한 말이 나가기도 한다. 그런다고 아이가 고분고분해지지 않는다. 오히려 초등학교 고학년 정도 되면 반항하기 시작한다. "너 같은 애, 자식으로 둔 적 없어!"라고 소리치며 화내봤자 아이가 정신적 충격을 받거나, 해서는 안 될 말을 했다는 사실에 자책하는 마음만 강해진다. 또 '병에 걸린 게 아닐까,' '내 아이가 잘못된 건 ○○탓이야'처럼 학교나 배우자, 아이의 조부모나 아이의 기질 등에 책임을 떠넘기기도 한다. 원래는 '뭐든 다 해줄 테야'라는 애정에서 시작한 노여운 감정일지도 모른다. 하지만 결국 해결되는 일은 없고 자신과 아이, 주위 사람만 괴롭게 할 뿐이다.

그 상태가 만성화되면 말 안 듣는 아이를 부끄러워하게 된다. 대표적인 예로는 학교에서 난폭한 아이, 산만한 아이, 꼴등만 하는 아이, 혹은 장애가 있는 아이의 일로 수치심이나 죄책감을 느끼게 되는 것이다. 이런 어찌할 도리가 없다고 두 손 두 발 다 들었을 때도 셀프 컴패션은 유효하다. 그러면 이제부터 셀프 컴패션의 세 가지 요소를 어떻게 응용하는지 설명하겠다.

나에게 베푸는
따뜻한 말 한마디

 셀프 명상 3 **따뜻한 말 한마디**

셀프 컴패션이 무엇인지 이해하기 위하여 먼저 당신의 친한 친구가 사례에 나온 B와 같은 고민을 한다면 어떤 말을 건넬지 생각해 보자.

"난 부모 자격도 없어."

"매번 화만 내고 이게 학대가 아니고 뭐겠니?"

"부모님 뵐 면목이 없어."

"이제 아이를 키울 자신이 없어."

이런 말을 늘어놓는 친구에게 당신은 어떤 말을 건넬 것인가?

친한 친구에게 고민 상담 요청을 받았을 때 당신은 어떤 태도를 보이겠는가? 아마도 그 친구의 말을 일단 성심성의껏 들어줄 것이다. 그러다 보면 그 친구가 힘들어하는 이유와 앞으로 어찌해야 할지 생각이 서서히 떠오르게 된다.

친구의 고민이 이해되면, 여태껏 잘했다고 달래고 애썼다고 위로할 수 있다. 가까운 친구라면 그 친구의 장점과 강점에 대해 잘 알고 있을 터이다. 그 점을 충분히 활용해 문제를 해결할 조언을 건네거나 함께 방법을 찾을 수 있을지도 모른다. 이야기가 다 끝나면 그저 가만히 곁에 있어 주기만 해도 충분하다.

누구나 친한 친구의 고민을 듣고 나면 그 친구에게 너그러운 마음이 생기기 마련이다. 이러한 친절을 나에게 베푸는 것이 '자기 친절'이다. 셀프 컴패션의 실천에서는 괴롭고 힘든 자기 자신의 이야기를 친한 친구의 고민이라 생각하고 너그러운 마음으로 들어주는 것이 기본이다. 나 혼자 고민을 떠안고 있으면 나를 상처 입히는 말만 생각날지도 모른다. 아무리 힘든 상황이어도 나에게는 '이것도 안 돼. 저것도 안 돼. 전부 내 탓이야' 같은 비판적인 말이 떠오른다. 친구와 자기 자신을 대하는 태도가 완전히 다른 사람이 많다는 이야기이다.

내가 소중하긴 하지만 좀 더 노력하지 않으면 행복해질 수 없다. 이런 확신으로 인해 자신을 혹독하게 비판한다. 셀프 컴패션 실천에서는 과거의 잘못을 책망하지 않고 실수나 실패를 왜 저질렀는지 이해한 다음 자신의 노력을 인정해준다.

친구를 대하듯 나를 대하는 자비의 입장(자비로운 자기 자신)에 서면 자기 자신을 비판하지 않고 좋은 점도 좋지 않은 점도 있는 그대로 받아들이고 이해할 수 있다.

B의 뒷이야기

• • •

친구가 같은 고민을 한다고 생각하니 B는 친절한 말이 절로 떠올랐다.

'그건 화날 만도 해. 내 애가 말을 안 들으면 얼마나 속상하니. 스스로 할 수 있는 건 당연히 스스로 해야지'

B는 수긍하며 위로가 되는 말을 좀 더 듣기로 했다.

'사실 화내고 싶지는 않았지? 다정한 엄마로 있고 싶은 그 마음도 잘 알겠어'

B는 두 번이나 크게 고개를 끄덕였다.

'부모로서 잘해보려고 그런 거잖아. 고생했어'

'근데 이렇게까지 애쓰지 않아도 잘하고 있으니까, 아이의 좋은 점도 보려고 노력하자. 화부터 내지 말고 부드럽게 말해야겠어'

오늘 내 마음은 명상

자비로운 자신의 말을 듣다 보니 자연스레 이제까지와는 다른 생각이 떠올라 놀라웠다. B는 아이가 잘됐으면 하는 마음에 지나치게 애썼던 자신을 알아차리게 되었다.

'잘하고 있으니까'라는 말을 듣고 조금씩 자신의 좋은 점을 보기로 했다. '잘하는 게 있다'라고 깨닫자 우울한 기분에서 벗어날 수 있었다.

'자기 친절' 연습에서는 고민 자체로 인해 솟구치는 감정이나 사고를 알아차리는 것만으로도 충분하다. 어떤 생각이든 감정이든 괜찮으니 자신이 어려움을 겪는 문제에 어떻게 반응하는지 확인해 본다.

B의 경우, 여러 번 말해도 소용없는 아이를 향한 분노와 실망, 부모 자격이 있는지에 대한 의심과 불안감, 아이의 미래에 대한 비관 등 여러 감정이 터져 나왔다. 아이를 올바르게 키우지 못하면 주위에서 부모 실격이란 말을 들어도 어쩔 수 없다고 생각하는 사람이 적지 않다. 그래서 힘들어도 다른 사람에게 좀처럼 드러내기 어려운 것이다. 혼자서 어떻게든 해보려는 사이에 기분은 자꾸만 가라앉고 괴로운 감정만 더해 간다.

잠재되어 있던 감정을 알아차렸다면, 친한 친구처럼 자신의 이야기를 들어주는 것부터 시작한다. 스스로에게 자비를 품은 자신은 믿을 수 있는 존재이다. 마음을 열고 '왜 그래. 힘들어 보여', '무슨 일 있어?', '네 얘기를 들려줘'처럼 나에게 말을 걸고 다른 사람에게 털어놓지 못했던 감정과 생각을 말해본다. 이처럼 자신의 고민에 귀를 기울이다 보면 이면에 있는 자기 자신이 진정으로 원하는 욕구를 알아차리게 된다.

B에게는 '좋은 부모가 되고 싶어, 아이를 제대로 키우고 싶어'라는 욕구가 있었다. 일반적으로 양육에 관련해서는 아이가 기대대로 행동하길 바란다, 훌륭한 사람이 되었으면 좋겠다, 스스로가 이런 부모가 되고 싶다 등의 다양한 욕구가 있다.

그래서인지 정작 아이와 자신의 상태에는 관심을 두지 않고, 이상이나 체면 등을 기준으로 삼아 자녀를 키우기도 한다. 자신의 미래를 아이의 미래와 동일시하고, 자신의 욕구 불만으로 인해 생긴 조바심을 '아이를 위한 일'이라고 착각하는 것이다. B 또한 그런 경우였다. 그 결과 아이에게 어려운 일을 억지로 시키면서도 아무렇지 않았고, 그런 B에게 아이는 짜증이 났다.

B는 '자기 친절' 연습을 통해 자신의 감정과 사고를 받아들임으로써 자신과 아이가 행복하게 지내길 바라는 마음이 너무 지나친 나머지, 자신도 아이도 상처 입었다는 사실을 알아차렸다. 이제까지는 자신의 좋지 않은 점을 반성하기만 했던 B였지만, 아이를 위해 자신이 애써온 점에도 주의를 기울이게 되었다. 그리고 자기 자신에게 '고생했어. 잘 안 될 때도 있지. 아이가 잘되

기를 바라는 마음에 한 거잖아'라고 친절한 말을 들려주었더니, 이해받았다는 느낌에 눈물이 쏟아졌다. 도저히 손쓸 방법이 없다고 생각했던 자녀 양육에 대해서 '정답은 없고, 실패도 없어. 사랑은 마음껏 줄 수 있으니 아이를 친절한 마음으로 감싸주자'라고 생각하게 되었다.

B는 자기비판에서 벗어나 자신을 친절한 마음으로 바라보게 되면서 상처받은 자신을 치유할 수 있었다.

있는 그대로 받아들이는
마인드풀니스

마인드풀니스란 지금 현재의 감각, 감정, 사고에 모든 주의를 옮겨 예컨대 선인지 악인지, 이익인지 아닌지 등을 판단하지 않고 있는 그대로 받아들이는 것을 말한다. 셀프 컴패션의 실천을 위해서도 마인드풀니스 상태를 유지하는 것이 중요하다. 앞서 '감정이나 사고를 받아들이자' 말했지만, 그중에는 받아들이기 힘든 점도 분명 있다. 그래서 마인드풀니스의 힘을 키워두는 것이 중요하다.

곤란한 일이 발생했을 때 우리는 원인을 찾아서 어떻게든 대처하려고 한다. 그러나 쉽게 해결이 안 되면, '어떻게 하면 좋지?' 하고 그 일을 계속 생각하게 된다. 문제의 원인을 분석하거나 대책을 세우다 보면 거기에 얽힌 과거의 실패나 미래의 걱정이 꼬리를 무는데 '그때도 힘들었지', '난 아직도 그대로야' 등의

오늘 내 마음은 명상

비판적인 사고가 연이어 일어난다. 미래에 대한 걱정이 머릿속을 휘젓자 과거에 경험했던 일마저 지금 겪고 있는 듯 생생하게 다가와 불안, 두려움, 조바심을 느끼게 된다.

감정의 경험은 몸과 행동에 어떠한 변화를 가져온다. 부정적 감정에서 기인한 신체적 반응은 가슴을 뛰게 하는 등 교감 신경계의 흥분을 동반한다. 어떠한 행동을 일으킬지는 감정에 따라 달라진다. 불안은 대처 행동을, 공포는 회피 행동을, 분노는 공격 행동을, 혐오는 기피 행동을 불러일으킨다. 어느 쪽이든 감정을 느끼는 대상이나 인물에게서 멀어지거나 거절하는 행동으로 이어진다.

감정에는 사회생활을 영위하는 데 필요한 기능이 있다. 그 기능은 위험을 감지하면 신체를 흥분시켜 언제든 도망칠 수 있도록 준비하게 만든다. 이 프로세스는 자동적으로 작용하는 탓에 멈추고 싶어도 통제하기가 어렵다. 예를 들어, 직장 상사를 '싫다, 무섭다'고 느끼면 본능적으로 멀리하게 된다. 감정이 생기면 불쾌한 신체 감각이나 본능적인 행동이 일어나는 것을 피할 수 없다. 다만, 감정을 '그저 감각의 하나'로 알아차리고, 거리를 두고 관찰하면 신체 변화나 행동 반응을 최소화할 수 있다.

'싫다'에는 '혐오라는 감정', '무섭다'에는 '공포라는 감정', 이렇게 이름표를 붙여 그저 지금 현재의 감각으로서만 알아차린다. 이것이 마인드풀니스가 필요한 이유이다.

이런저런 고민에 빠져있을 때, 지금 이 순간 일어나는 것은 무엇일까? 머릿속에서 떠오르는 그것은 '생각'이다. 그 생각은 금세 자취를 감추고 또 다른 '생각'이나 '감각'이 솟구친다. 생각이 떠오르면 '생각', '생각', '생각'이라고 마음속으로 되뇌고 이름을 붙인 다음, 생각이 솟구치다가 사라지는 모습을 그저 관찰한다. 이것이 마인드풀니스의 실천이다.

만약 '오늘 진짜 재수 옴 붙은 날이야'라는 생각이 들어도 여기에 '생각'이라고 이름 붙이고 사라져감을 알아차린다면 감정에 휘둘릴 일은 없다. 고통의 근원인 사고의 연쇄를 끊어내는 것이 가능해진다. 그저 '생각'에 지나지 않음을 알아차려 좋은 점 한 가지는 부정적인 생각의 연쇄를 끊는다는 것이다. '생각'이라고 알아차린 다음 순간에는 '생각'이 생기지 않는 '감각의 틈'이 생긴다. 그때 부정적인 생각에 지배당하지 않은 상태에서 행동을 선택할 수 있다. 생각하는 일이 필요하다면 생각하고, 달리 시작해야만 할 일이 있다면 그 행동을 선택한다.

감정에도 마찬가지로 '불안', '분노', '슬픔'이라는 이름을 붙일 수 있다. '불안해. 뭐라도 해야지'처럼 감정에 통제당하는 것이 아니라, 불안을 그저 알아차리고 '불안', '불안', '불안'이라고 관찰하고 지나갈 것을 기다린다. 그렇게 하면 '불안'이 지금 이 순간 느껴지는 감각에 지나지 않음을 이해하게 된다. 이러한 이해 방법을 통찰이라고 한다. 감정이 끓어오를 때 통찰을 하면

오늘 내 마음은 명상

불안에 대응하려는 마음이 희미해지고 불안으로 긴 시간 마음 졸이는 일이 점차 사라진다.

（셀프 명상 4） 마인드풀니스 호흡 명상

마인드풀니스를 느끼기 위한 호흡 명상을 시도해 보자.

명상은 지도자 밑에서 단체로 수행하는 편이 좋다고 한다. 지도자가 존재하면 이끌어주고 질문에 답해줄 수도 있다. 다른 참여자와 함께하면 서로를 격려해가면서 느낀 점이나 의문점을 이야기 나눔으로써 이해가 깊어질 수 있다.

명상을 전혀 경험해 보지 않았더라도 먼저 다음 지침을 한 번 훑어본 뒤, 눈을 뜬 상태에서 지침을 보면서 시도할 수 있다. 익숙해지면 눈을 감고도 명상이 가능해진다.

명상에 들어가면 '내가 하는 방법이 맞나?' 의문이 생길지도 모른다. 그때는 이 책을 반복해서 읽기 바란다. 아니면 인터넷에 호흡 명상이나 마인드풀니스 명상의 안내 음성 파일이 있으니 그것을 들으며 해도 좋다.

① 어깨의 긴장을 풀고 허리는 곧게 세워 의자나 바닥에 바른 자세로 앉는다.

② 눈은 떠도 좋고 감아도 상관없다. 눈을 감지 않는다면 45도 아래를 바라본다.

③ 명상 준비가 되었다면 입은 다문 채 호흡의 감각에 주의를 기울이자. 윗입술 윗부분에 차가운 공기의 흐름이 느껴질 것이다. 그곳에 있는 공기가 살며시 몸 안으로 들어온다.

④ 숨을 들이마실 때마다 들어오는 공기의 흐름을 느낀다.
아무것도 하지 않아도 천천히 공기가 빠져나간다.
순간순간 변화하는 몸의 감각을 알아차려 나간다.

⑤ 호흡을 통제할 필요는 없다.
들이마신다 내쉰다 명령하지 않아도 괜찮다.
호흡은 절대로 배신하지 않는 친구이다.
항상 우리와 함께한다.

⑥ 늘어오는 숨이 몸 전체로 퍼져나간다.
숨을 내쉴 때마다 조금씩 긴장이 풀린다.

⑦ 숨을 들이마시면서 깊어지는 숨을 알아차린다.

⑧ 숨을 내쉬면서 나가는 숨이 차분해지는 것을 알아차린다.

⑨ 호흡의 흐름에 맞춰 깊이, 천천히. 깊이, 천천히.

⑩ 어떠한가? 차근차근 따라 하였는가?

내 몸의 감각이 변화하는 것을 서서히 알아차린다.

아랫배가 어렴풋이 부풀었다가 줄어드는 느낌을 알아차렸는가? 그 느낌을 찾아보자.

⑪ 숨을 들이마실 때마다 배가 부푼다.

⑫ 숨을 내쉴 때마다 배가 줄어든다.

⑬ 잠시 호흡의 흐름에 맞춰 배가 부풀고 줄어드는 움직임에 주의를 기울인다.

⑭ 숨을 마실 때마다 전해지는 몸 전체의 미세한 움직임이나 내쉴 때마다 퍼지는 따뜻한 온기를 알아차릴지도 모른다.

발생하는 감각을 서서히 알아차려 나간다.

⑮ 이래야만 한다는 상태는 없다.

그저 지금, 이 순간에 발생하는 배의 감각에 집중하면 된다.

⑯ 얼마간 하고 나면 마음이 멀어져 방황할지도 모른다.

'이게 맞는 걸까', '어떻게 느껴야 하는 거지'와 같은 생각이 들지도 모른다.

과거의 기억이나 미래의 걱정이 떠오를 수도 있다.

그것은 단지 지금 떠오른 '사고'에 불과하다.

아픔이나 슬픔 같은 감정이 끓어오를 수도 있다.

이는 굉장히 자연스러운 일로 실수도 실패도 아니다.

'사고', '감정'이라고 알아차리고 내려놓는다.

그리고 다시 배가 부풀고 줄어드는 모습에 주의를 되돌리자.

⑰ 숨을 들이마신다는 건 살아 있다는 증거이다.

숨을 들이마시면서 자신이 살아 있음을 느낀다.

⑱ 살아 있음을 느끼고 가볍게 미소 지어보자.

⑲ 호흡의 흐름에 맞춰 '들이마시고, 내쉰다. 내려놓고, 미소 짓는다'를 반복한다.

⑳ 지금 현재의 감각에 머무는 경이로움을 음미하자.

지금 현재의 감각을 충분히 맛보았다면 서서히 눈을 뜨고 명상을 끝낸다.

어떤 느낌이 들었는가? 순간순간 변화하는 감각을 알아차리는 것이 마인드풀니스 명상의 기본이다.

처음에 콧속 감각에 집중하고 그런 다음 복부의 팽창과 수축으로 의식을 옮긴다. 잡념이 떠올라도 그것을 있는 그대로 '잡념'이라고 알아차리고 다시 복부의 팽창과 수축에 주의를 되돌리면 명상은 계속된다.

몇 번 정도 반복하다 보면 서서히 생각을 멈추게 되고, 지금 이 순간에 머무르는 편안함이 생겨난다. 늘 생각하고 있는 뇌가 단순히 감각에만 집중하게 되어 개운해진다.

매일 10분씩 2~3주 동안 반복하면 어느새 유연하게 명상에 집중하게 될 것이다.

명상을 실천하는 사람들에게서 처음에는 "잘 안 돼요.", "이 느낌이 맞는 건가요?" 같은 질문을 많이 받는다. 이는 모두 자신을 판단하는 사고 행위이다. 하지만 그런 생각이 드는 것도 무리는 아니다. 꼭 느껴야만 하는 감각은 없을뿐더러 아무것도 느껴지지 않을 때도 있다. 시시각각 변하기 때문에 감각에 정답은 없다.

자신의 호흡을 '그대로' 두고 오로지 일어나는 감각만을 알아차린다는 건 좀처럼 쉽지 않다. 정답을 찾다가 아무것도 느껴지지 않으면 지루해져 그만두기도 한다. 이 명상에서는 일어나는 감각을 복부가 '부푼다', '줄어든다'라고 표현했다. '줄어든다'기보다 '꺼진다'라고 생각한 사람이 있을지도 모르겠다. 하지만, 아무것도 의식하지 않은 호흡에는 줄어든다는 표현이 어울리는 것 같아 이 책에서는 '줄어든다'라고 하겠다. 그러나 만약 당신이 깊이 호흡한다면 복부는 푹 꺼질 것이다.

어떤 감각이 발생하든 괜찮다. 느끼는 감각에 정답은 없고 그것을 어떻게 표현할지도 자유이다. 호흡에서 발생하는 감각의 변화를 각자만의 방식으로 느끼고 즐기길 바란다. 계속 명상을 수행하다 보면 일상적인 사고 모드에서 벗어나 마인드풀 모드로 전환이 가능해진다. 그러면 있는 그대로 지금 현재에 머물며 사고의 전환을 즐길 수 있다.

앞선 사례의 B는 아이가 하는 둥 마는 둥 숙제하는 모습에 자신이 조바심을 낸다는 것을 알았다. 그래서 자신의 사고와 감정을 판단하지 않고 있는 그대로 관찰해 보기로 했다. '뭘 해도 느려', '어디서 이런 애가 나왔지', '내 애가 맞나' 이렇게 떠오른 사고를 '사고', '사고', '사고'라고 세 번 정도 속으로 되뇌다 보면, 사고는 흘러가고 사라진다.

그 밖에 '화난다', '부끄럽다' 같은 감정도 알아차리게 되어 '감정', '감정', '감정'이라고 표현하면서 사라져 가는 모습을 관찰했다. 여느 때 같으면 생각에 사로잡혀서 화를 냈을 텐데 붙잡히지 않고 평온한 마음을 유지할 수 있었다.

평온을 되찾자 아이의 좋은 면을 보려는 마음도 알아차릴 수 있었다. 아이를 있는 그대로 바라보니 어려운 문제를 풀었다고 기뻐하는 아이의 웃는 얼굴이 눈에 들어왔고 마음이 따스해졌다. '나는 지금 행복하구나' 느끼는 순간이었다.

상처 입은 자기 자신에게 친절한 마음을 보이고 주의를 기울이면, 다채로운 감정에 눈을 뜨게 된다. 이번 사례에서는 분노와 불안으로 가득 찬 아이와 자신을 몰아세우는 것이 아니라 있는 그대로 일어나는 감정을 알아차리고 시간을 들여 아이의 행동을 판단하지 않고 관찰했다. 그러자 느리지만 열심히 노력하는 모습이나, 어려운 문제에도 진지하게 다가서는 순간을 발견할 수 있었다. 아이의 좋은 점이 자연스레 받아들여졌고 행복을 느끼게 되었다.

그렇지만 또다시 아이가 숙제는 나 몰라라 하고 물건을 어지르는 모습을 보면, 머릿속에서 '구제 불능', '숙제도 못 하는 멍청이'라는 생각이 떠올라 화가 나서 아이를 비난하고 만다. 이때 '또 숙제를 잊어버렸어' 화가 난 마음을 알아차리고 사고를 연쇄시키지 않고 첫 번째 생각에서 멈추면, 화가 나도 욱하지 않고 끝난다. 넌더리를 내며 무관심으로 위장해 대처할 필요도 없다.

이렇게 '구제 불능', '멍청이'라는 생각에서 거리를 두면, 내 눈앞에 있는 아이의 생각이나 기분을 명확히 이해할 수 있다. 무엇 때문에 곤란한지, 어떤 말로 바로 움직이게 만들지 등에 생각이 미치며 내 아이를 위한 말을 하게 된다.

아이의 행복을 바랄 때 분노나 화는 이제 존재하지 않는다. 그리고 아이의 부정적인 면도 받아들임으로써 아이에게 보내는 친절한 마음이 커진다는 것을 알아차릴 수 있다.

마인드풀니스를 실천하여 지금 현재의 감각을 알아차리면 조금씩 평온한 시간이 찾아온다. 바쁘더라도 10분이면 충분하니 마인드풀니스 호흡 명상(49쪽)을 시도해 보자. 부정적인 생각은 사라지고 이윽고 여러 가지 감각, 사고, 감정에 눈뜨는 순간이 올 것이다.

이제까지 알아채지 못했던 감각에 눈을 뜨기 때문에 새로운 발상도 샘솟는다. 또 숨어 있던 감정이나 사고를 파악하면서 자신이 정말로 하고 싶었던 행동을 깨닫게 된다. 만약 잔뜩 화가 난 자신이 보인다면 한번 느긋하게 누워 보는 건 어떨까? 있는 그대로 알아차림으로써 여유가 찾아온다. '분노'에 사로잡히지 않고 감정의 균형을 유지하게 된다.

이 책에서는 주의注意를 지금 이 순간에 자유롭게 기울인다는 의미에서, 흔히 말하는 의식적인 주의와 구별하기 위해 '알아차림awareness'이라고 부르고 있다. 보통 '주의를 돌린다'고 하면 한 곳에 집중한다는 의미로 해석히는데, 마인드풀한 상태는 주의를 한 곳에 기울이면서 다른 감각에도 주의를 기울이고 탐색하는 것을 의미하기 때문에 오해를 불러일으키지 않도록 '알아차림'이라는 단어를 쓰겠다.

마인드풀니스는 우리가 늘 머리로 생각하는 것과 전혀 다른 '주의의 이상적인 상태'이다. 순간순간 변화하는 신체 감각에 주의를 기울이거나 사고를 사고로서 알아차리는 것은 이제껏

오늘 내 마음은 명상

인생에서는 분명 연습한 적이 없다. 그래서 마인드풀한 인식을 하려면 충분한 시간이 필요하다.

   이 책을 읽기만 하고 끝낼 것이 아니라 실제로 도전해보길 바란다. 사실 매일 계속해도 완전히 잡념을 지우기는 힘들다. 살아 있는 한 '생각'은 계속 떠오르기 때문이다. 그렇더라도 사고나 감정에 조종당하지 않게 만드는 것이 마인드풀니스의 쓸모이다. 이것은 '습관'처럼 몸에 배도록 해야지 한 번의 훈련으로 마인드풀한 상태가 유지되지는 않는다. 일과처럼 매일 계속해야 하는 점이 중요하다.

나를 배려하는 연습

직장에서 연달아 실패하거나 뜻대로 일이 풀리지 않으면, 상사의 평가를 의식하고 동료와 자신을 비교하며 수치심과 초조함을 느낀다. '난 저 사람보다 무능해'라든지 '내가 여기서 제일 뒤떨어져'라는 생각에 사로잡혀 마치 직장에서 자기만 무능력해서 고생하는 듯한 기분이 들어 고독감에 빠지기도 한다.

그럴 때는 먼저 마인드풀니스 명상이나 셀프 컴패션 연습을 실천해 보자. 떠오르는 생각과 감정을 억누르지 말고 마음을 열어, 상처받고 힘들어하는 나에게 친절한 마음을 보내본다.

충분히 자신을 다독였다면 상사나 동료의 일도 있는 그대로 관찰할 수 있다. 어느새 자신이나 상사나 동료나 모두 똑같이 힘들어한다는 사실을 깨닫고 어떻게든 일을 잘해보려고 애쓰는 모습이 눈에 들어온다.

당연한 말이겠지만, 인간은 누구나 나와 타인이 행복하게 살기를 바라며 그러기 위해 노력하고 실패를 반복하는 존재이다. 이러한 인간으로서의 공통성을 이해하면 다른 사람과 연결된 감각을 되찾아 의욕을 조금씩 회복할 수 있다.

앞서 나온 사례의 B는 '왜 이런 일이 반복될까', '부모로서 자격이 없어'라는 사고를 떠올렸고, '나만 이런 일을 당하다니 너무 불행해'라는 생각을 했다. 심지어 '아무도 도와주지 않아, 이런 시시한 일로 상담받기도 창피해'라고 짐작하며 고립감에 빠졌고, 남편에게 한탄해봤자 자기혐오만 더할 뿐이었다. 그런데 나를 친절한 마음으로 대하자 '누구나 그런 경험을 해. 비슷한 이야기 들어본 적 있잖아'라는 말이 떠올라 사뭇 마음이 가벼워졌다. 아이를 키우며 힘든 건 다른 부모도 마찬가지라는 생각에 어려움을 공유하는 듯한 기분이 들기도 했다.

'화가 나는 건 당신도 아이도 마찬가지야. 아이도 똑같이 상처받았을 거야. 서로를 아껴주자'라는 말도 떠올랐다. 나와 아이는 '부모'와 '자식'일 뿐, '같다'라는 감각은 한 번도 가진 적이 없었다. 하지만 '똑같이 상처받았다' 이 말이 떠오르자, 갑자기 둘 사이의 거리가 가까워졌다.

'우리는 잘하지 못한다고 생각해서 조바심만 냈던 것 같아. 나도 아이도 열심히 했어. 그러니 더 소중히 대하자'라고 생각하니, 아이를 안아주고 싶은 마음이 들었다. B는 아이를 힘껏 안아 두터운 애정을 확인했다. 완벽한 부모가 되기는 어렵겠지만, 함께 살아간다는 희망을 느꼈다.

B는 외면하고 싶은 부분을 애써 뿌리치거나 무시하는 게 아니라, 있는 그대로 받아들이고 친절한 마음을 보이면서 아이도 자기 자신도 상처받기 쉬운 인간이라는 의미에서 완전히 같은 존재임을 이해했다. 우리는 완벽하지 않아도 나와 타인의 행복을 위해 열심히 살아가는 보통의 인간이라는 공통점을 깨달았다.

아이와 자기 자신의 좋은 점도 그렇지 않은 점도 구별 없이 받아들여 '조금 뒤떨어지거나 화나는 구석이 있어도 모두 행복을 바라며 살아가. 나도 아이도 가까운 사람들도, 다른 사람들도 똑같아'라고 생각하며 보편적 인간성을 인식하고 <u>인간의 깊은 '유대감'</u>을 체험할 수 있었다. 타인과의 유대감은 어떠한 역경에서도 따뜻함과 안도감을 전해준디.

한편, 아이를 키우다 보면 어린 시절 자신이 겪은 괴로운 경험이나 부모에게 불만을 품었던 부분과의 유사성을 떠올리기도 하는데, 그럴 때는 오히려 거절감을 느끼게 된다. 심하게 야단맞거나 체벌 받은 경험은 플래시백flashback(과거 경험을 생생하게 다시 체험하는 것-옮긴이)을 일으키기도 한다. 그 부정적인 기억으로 인해,

무심코 화를 내는 내 모습이 부모가 나에게 보여준 모습과 같다는 것을 깨달으면 몹시 좌절하게 된다.

아이를 엄하게 키우는 사람 중에는 자신이 충분히 사랑받지 못한 만큼, 아이에게만은 사랑을 듬뿍 주고 싶다고 생각하는 사람도 많다. 하지만 필요 이상으로 엄격한 부모 밑에서 자란 사람은 아이를 비판적인 눈으로 바라보다가 조바심 내고 화가 폭발하기도 하는데, 뒤늦게 뼈저리게 후회하고 가슴 아파한다.

이러한 연쇄를 끊겠다고 부모와 자식 간의 고통스러웠던 기억을 지우고 내 안에 봉인하려 해봤자 아무 의미가 없다. 일부러 꾹 억누를 것이 아니라 알아차리고 받아들여 나가야 한다. 용기를 내어 공포, 슬픔, 분노와 같은 감정을 받아들이고 자신에게 친절해지자. 만약 공포, 슬픔, 분노가 머릿속을 지배할 것 같으면 무리하지 말고 마인드풀니스 호흡 명상(49쪽)으로 다시 돌아가 내 감정에 반응해 보도록 하자.

과거에 상처받은 자신을 향해 '드디어 너를 돌봐줄 수 있게 됐어. 지금까지 모르는 척해서 미안해. 어른이 되고 용케 용기를 냈어. 많이 힘들었지. 오늘은 그런 일이 있었어도 많은 사람이 널 지지하고 행복할 수 있다는 마음을 전할 거야. 진심으로 너의 행복을 바라고 있어'처럼 자신과 대화하면서 행복을 염원하는 말들로 감싸준다.

여러 가지 연습을 통해서 셀프 컴패션을 높이면 궁극적으로는 가장 괴로웠던 기억도 받아들이고 자녀 양육에 자신의 과거를 투영하는 일도 사라진다. 이 연습은 셀프 명상 28(285쪽)에서 다루고 있다. 관심이 있다면 부정적인 생각이나 감정에 반응하지 않게 된 다음에 신중히 시도하길 바란다.

나를 배려하는 연습

지금까지 셀프 컴패션의 세 가지 요소에 관한 사례를 살펴보았다. 이번에는 당신의 경험에 셀프 컴패션을 적용하면 어떻게 되는지 시험해 보자.

이것은 셀프 컴패션의 기본적인 연습법의 하나인데, 부정적인 감정에 초점을 두기 때문에 기분이 나빠질 가능성이 있다는 점을 주의해야 한다. 하지만 어디까지나 최종적인 목적은 마음이 따스해지는 것이다.

그러니 혹시 떠올린 상황이 생각했던 것보다 더 부정적인 감정을 불러일으킨다면, 버티지 말고 마인드풀니스 호흡 명상(49쪽)으로 되돌아가 진정이 될 때까지 기다렸다가 명상을 마치도록 하자.

다음 순서를 일단 전부 읽어본 뒤에 연습을 시작한다.

① 어깨에 힘을 빼 긴장을 풀고 허리는 곧게 세워 바닥이나 의
   자에 바른 자세로 앉는다.

② 눈은 떠도 좋고 감아도 상관없다. 눈을 감지 않는다면 45도
   아래를 바라본다.

③ 명상할 준비가 되었다면 부드럽게 눈을 감는다.

   잠시 주의 깊게 호흡의 움직임을 관찰하자.

④ 당신이 지금 현재 힘들어하는 일은 무엇인가?

   인간관계가 어렵다, 업무 실적이 오르지 않는다, 지병의 치
   료가 괴롭다 등 힘들어하는 이유는 모두 제각각이다.

   지금, 그 일을 떠올려보자. 어떤 생각이 드는가?

   또, 어떤 기분이 드는가?

   떠올려서 괴로운 기억을 불러들일 필요는 없다.

   오늘 당장 일어나도 괜찮다고 생각하는 상황을 떠올려 보자.

⑤ 한 호흡마다 나의 감정을 알아차린다.

   피어오르는 감각, 감정, 사고를 있는 그대로 알아차린다.

   나의 감정에 '불안', '공포', '분노', '질투' 등의 이름을 붙이
   고 자신의 감정을 끌어안듯이 받아들여 나간다.

   숨을 들이마시며 불안을 알아차리고 숨을 내쉬면서 불안에
   미소 짓자.

⑥ 나를 꽉 안아본다.

안도감을 느끼게 하는 신체 부위에 손을 대도 좋다.

한 호흡마다 차오르는 친절과 위로를 느낀다.

⑦ 나에게 자비를 품고 '불안해 보여', '두렵구나' 같은 친절한 말을 건네보자.

⑧ 나에게 자비를 품고 '혼자서 힘들었지. 누구나 그런 일은 있어. 괜찮아. 이제부터 곁에 있을게' 하고 말해보자.

그리고 친구에게 이야기하듯 떠오르는 생각이나 감정을 하나하나 진심으로 전해보자.

⑨ '더는 못하겠어'라는 생각이 든다면 도중에 호흡 명상으로 되돌아가도 괜찮다.

곤란한 상황에는 침착하게 대처할 필요가 있다.

⑩ 힘들어하는 자기 자신이 느끼고 있는 바를 전했다면, 이번에는 자비로운 자기 자신(친구 같은 존재)에게서 친절한 말을 듣도록 하자.

'진짜 힘들었겠다. 틀려도 괜찮아. 열심히 해왔잖아. 이제 걱정할 필요 없어'

⑪ 자비의 말을 받아들였을 때, 일어나는 여러 가지 감각, 감정, 사고를 받아들여 나간다.

이렇게 느끼고 이렇게 생각해야 한다는 정해진 답은 없다.

지금 현재의 감각을 온전히 느낀다.

⑫ 충분히 음미했다면 천천히 눈을 뜬다.

어떠했는가? ⑤에서 마인드풀하게 알아차리고, ⑥에서 ⑧까지 보편적 인간성을 인식하고, 자신에게 친절한 마음을 보이는 흐름의 실천이었다.

자신이 힘들다고 느꼈던 상황이 이 연습을 끝낸 지금 어떻게 느껴지는지 살펴보자.

몸과 마음에 따스한 빛이 들고 충만감이 들지도 모른다. 동시에 나도 타인도 똑같이 애쓴다는 사실을 이해하면 친절한 마음을 보내기 수월해진다.

나와 타인을 좋다, 싫다 판단하는 일이 점차 줄면서 평온하고 이성적인, 게다가 친절한 자기 자신으로 성장하게 된다.

이제 직장에서 발생하는 부정적인 감정에 대처하는 마인드풀니스와 셀프 컴패션을 실천해 보자.

업무에서 실수했을 때

다음과 같은 상황을 상상해 보자.

당신은 직장 상사에게 업무 자료 작성에 문제가 있다는 지적을 받아 기분이 좋지 않다. 잠시 뒤, 복도에서 다른 동료와 마주쳤는데 당신이 말을 걸자 "지금 좀 바빠서…"라며 서둘러 자리를 떠났다.

어떤 생각이 머리를 스치겠는가?

실수는 저지르고 싶지 않았을뿐더러 가능하면 상사에게 들키고 싶지 않았을 것이다. 실수한 사실을 인지한 뒤, 계속 이렇게 할 걸, 저렇게 할 걸, 후회하면서 자신에게 화를 내며 안질부절 못한다. 일상적인 짜증이 쌓이면 격심한 분노 이상으로 큰 스트레스가 된다. 이 사례에서는 동료의 태도를 보고 실수한 사실이 알려졌다고 추측하여 수치심을 느꼈을지도 모른다.

아니면 분노의 화살이 다른 사람에게 향할 때도 있다. 이를테면 바쁜데 일을 시킨 상사 때문에 실수를 저질렀다고 화를 낸다. 혹여 잘못을 질책이라도 당하면 '아는 사실을 왜 자꾸 말하는 거야!'라며 상대방에게 격한 분노를 느낀다. 상대는 나를 생각하는 마음에서 주의를 준 것일 수도 있는데, 수치심이 강해지면 상대의 기분을 생각할 여유는 사라지고 자신의 기대대로 행동하지 않은 다른 사람에게 분노의 감정을 품게 된다. 이렇게 괴로워하고 고민하는 과정을 살펴보면, 사고思考가 중요한 요인임을 알 수 있다. 일이 잘 안 풀리면 자신이나 타인의 좋지 않은 점을 찾으려고 한다. 그로 인해 여러 가지 부정적인 사고가 꼬리를 무는데, 평소에 우리는 그것을 자각하지 못한다. 의도적으로 기분을 나쁘게 만들려고 나쁜 점을 찾는 게 아니라, 무의식적으로 나쁜 점을 찾는 것이다. 이러한 자동적인 상태를 자동 조종 모드라고 한다.

자동 조종 모드일 때 우리는 어떤 생각이나 감정에 지배되어 그 생각과 감정이 지시하는 대로 움직인다. '저 사람 싫어!'라고 생각하면 그 사람을 피하거나 무시하고 공격적인 태도를 보인다. '이거 하기 싫어!'라는 생각이 들면 안 하고 버틸 방법을 찾는다. 자신의 감정을 회피하려고 술이나 도박, 스마트폰 게임으로 도망치기도 한다.

자동 조종 모드는 우리에게 필요한 뇌 기능이기도 하다. 실패한 원인을 통찰하고 반성하는 과정은 진보를 위해 필요하다. 실수를 저지른 뒤 그냥 내버려 두기만 하면 다른 사람에게 피해를 주거나 또 같은 실수를 반복할지도 모른다. 이렇게 할 걸, 이랬어야 하는 건데 같은 마음이 드는 건 우리에게 꼭 필요한 과정인 셈이다. 문제는 그 사고 과정을 자꾸 반복한다는 점이다. 자동적으로 생기는 사고를 멈출 수 있다면 반성을 통해 우리는 성장할 수 있다. 그렇지만 사고는 우리가 성장하고 살아가기 위해 자동적으로 발생하므로 멈춰지지 않는다. 성장하고 싶고, 행복해지고 싶은 마음은 없애지 못한다.

이렇게 하고 싶다, 이렇게 해야 한다, 좋다, 나쁘다 이런 판단 때문에 우리는 불안과 분노에 좌우되는 삶을 실제로 살고 있다. 실수를 저질러 화가 나는 것은 자신의 기대에 부응하지 못했기 때문이다. 누구나 인정받고 싶고, 스스로 잘하고 싶다는 욕구가 있다. 이상에서 살짝 벗어나면 실패했다, 실수했다는 생각에 금세 의기소침해진다.

"인정받고 싶나요?", "다른 사람보다 잘하고 싶나요?"라는 물음에는 꼭 그렇지는 않다고 생각해도 "당신의 방식은 틀렸어요.", "다른 사람보다 못하네요."라는 말을 듣고 아무렇지 않을 사람이 과연 몇이나 될까. 타인의 비판에 대해 "그런가요. 틀렸다면 고치겠습니다." 받아들일 때도 있지만, '이 정도 일로 그렇게까지 말하다니' 이런 생각이 들 때면 맹렬한 기세로 상대의 발언을 부정하는 생각을 떠올린다. '나는 나쁘지 않아, 내가 맞아'라고 생각하며 마음은 필사적으로 저항한다.

일을 맡으면 먼저 '인정' 받고 싶다는 욕구가 생기고 인정받기

오늘 내 마음은 명상

위해 준비한다. 타인의 반응을 보고 인정받았는지 아닌지 확인한다. 이것은 굉장히 자연스러운 마음의 반응이다. 오로지 '인정받고 싶다', '내가 옳다'와 같은 욕구에 사로잡혀 어떤 실수를 저질러도 '나는 틀리지 않았다'는 증거를 머릿속에서 찾는다. 그리고 '내가 옳다'는 욕구가 충족될 것 같지 않을 때, 불안이나 공포를 느낀다. 더욱이 자신의 실수를 지적하는 사람을 '싫다'라고 판단하고 분노한다.

'내가 옳다'라는 마음은 매우 자연스러운 것이다. 그것을 감추려 하거나 억누를 필요는 없다. 다만 우리 마음은 항상 그 욕구가 충족되었는지 계속 확인하고, 혹시라도 부족하면 불안, 공포, 분노를 느끼게 만든다. 이 사고의 폭주를 멈추기 위해서는 어떻게 해야 할까?

사고라는 것은 현실에 존재하지 않는다. 오직 '생각했다'는 감각만이 현실에 있을 뿐이다. 예를 들어, 실수를 저질렀을 때, '실패했다'라는 것은 사고에 불과하다. 그것은 다음 순간에는 사라져 없어질 감각에 지나지 않는다. 실수하면 평판이 나빠지는 것은 당연한 수순처럼 느껴져서 진실이라고 착각할 수 있다. 그러나 진짜로 발생한 것은 '평판이 나빠졌다고 생각했다'라는 사고이다. 그 사고는 다음 순간에는 사라진다. 지금 현실에 존재하는 건 다른 사고이다. 그것도 다음 순간에는 바뀐다. 자꾸만 반복해서 생각하다 보니 정말로 '평판이 나빠졌다'는 느낌이 남는다. 근거도 없이 정말로 그렇다고 확신하고 있을 뿐이다.

우리는 사라져 없어질 것을 진짜 있는 것처럼 받아들이는 버릇이 있다.

사고가 현실이 아니라는 것을 알아차리면 그것에 얽매일 일은 없다. 다음 순간에는 사라져버릴 감각을 위해 고통받다니 어리석기 짝이 없는 일이다. 참담한 실패를 겪고서 '형편없는 인간이야'라고 생각하기도 한다. '형편없는 인간이야'라는 것도 사고이다. 사실은 '형편없는 인간이라고 생각했다'라는 사고이다. '~라고 생각했다'를 알아차리면 '아, 생각에 불과하니까, 다음에는 하고 싶은 거나 하자' 하고 기운을 차릴 수 있다.

'형편없는 인간'이라고 자신을 정의해버리면 의욕이 생길 리 없다. 현실을 있는 그대로 받아들여야만 비로소 자신이 진짜 하고 싶은 일을 선택할 수 있다.

나의 셀프 컴패션
정도를 측정하다

셀프 컴패션의 수준은 미국의 크리스틴 네프 박사가 고안한 심리 척도로 수치화할 수 있다. 열두 가지 항목이며, 10분 정도면 할 수 있으니 직접 해보길 바란다.(74~75쪽)

척도는 셀프 컴패션의 긍정적인 측면과 부정적인 측면으로 이루어진다. 긍정적인 측면은 자기 친절, 보편적 인간성, 마인드풀니스 세 가지 척도이고 부정적인 측면은 이에 대비되는 자기비판, 고독감, 과잉 동일시로 구성된다.

부정적인 세 요소가 낮고 긍정적인 세 요소가 높으면 셀프 컴패션이 높다고 할 수 있다. 따라서 합계 점수는 긍정적인 세 측면의 점수에 부정적인 세 측면의 점수를 5점이면 1점, 4점이면 2점과 같이 역으로 한 값을 더한다.

셀프 컴패션 척도 점수가 높은 사람은 어떤 특징이 있을까?

네프 박사의 연구에 따르면 자기비판과 완벽주의 경향이 낮으면 자존감과 자기 수용 경향이 높고 자기애와는 관계성이 낮은 것으로 밝혀졌다. 셀프 컴패션은 자기를 비판하지 않고 실패해도 친절하게 받아들이는 마음 자세로, 자존감을 어느 정도 높게 유지하게 한다고 여겨져 왔는데 그대로의 결과가 얻어진 셈이다.

정신 건강 측면에서는 셀프 컴패션이 높은 사람이 우울, 불안감이 낮고, 긍정적 감정과 인생의 만족감이 높다고 드러났다. 이 관계성은 자존감의 영향력을 제외한다고 해도 인정할 수 있을 만큼 확실하다. 자존감은 어떤 일에서 성공하거나 타인과 비교하여 뛰어난 점이 있을 때 높아지는데, 긍정적 감정이나 인생의 만족감을 높인다고 알려져 있다. 이 연구를 통해 있는 그대

연구 영역	대상	주요 테마
임상	정신 질환	불안 장애, 우울증, 섭식 장애, 트라우마
	신체 질환	만성 질환(아토피, 만성 통증, 갱년기 장애 등), 수술 전 불안, 출산 후유증, 암
발달	아동 청소년	학대, 따돌림, 학업, 미루는 습관, 감정 제어 문제
	성인	일반 성인: 대인 관계(연애, 부부 관계, 이혼, 부모와 자식 관계, 장애아, 직장 내 인간관계, 사별)에 관련한 스트레스나 만족감 의료 복지 관련 직업, 요양 보호사: 번아웃 증후군, 공감 피로 운동선수: 부상의 수용, 불안 · 긴장
	노년	인생의 의미, 생로병사의 수용

셀프 컴패션에 관한 연구

로의 자신을 친절하게 받아들이는 셀프 컴패션도 정신 건강 증진에 도움이 된다는 사실이 밝혀졌다.

이 척도는 여러 나라에서 번역되어 거의 비슷한 결과를 얻는데 성공했다. 조사 연구 결과를 모아서 분석한 연구(메타 분석)에서는 셀프 컴패션과 정신 건강 사이에 어느 정도 영향을 미친다는 상관관계(두 변수의 관계성을 나타내는 지표)가 인정되었다. 일본에서는 내가 이 척도를 번역하여 네프 박사의 연구와 같은 결과를 얻었고, 현재 척도를 이용한 연구가 활발히 이루어지고 있다.

세계 각국에서 실시되는 연구의 개요를 정리한 것이 왼쪽의 표이다. 주요 테마는 일상에서 일어나는 대인 관계 문제에서 질병에 이르기까지 우리가 어려움을 느끼는 여러 가지 상황이 포함된다. 그만큼 많은 사람에게 셀프 컴패션이 도움이 된다는 사실이 드러나고 있다. 셀프 컴패션에 관련된 연구 실적은 매년 200건 이상 발표되고 있으며, 앞으로도 연구 대상이나 영역이 확대되리라 예상한다.

응답하기 전에 각 문항을 주의 깊게 읽는다. 당신이 각 문항을 어느 정도 경험했는지 아래의 척도에 따라 각 문항의 오른쪽 공란에 점수를 표시한다.

점수 1…전혀 그렇지 않다   2…별로 그렇지 않다   3…어느 쪽도 아니다
4…약간 그렇다   5…거의 항상 그렇다

	문항	점수
1	자기 자신의 결점이나 부족한 부분을 못마땅하게 여기고 비판적이다.	
2	기분이 가라앉으면 잘못된 모든 일을 걱정하고 그 일에 구애받는 경향이 있다.	
3	나에게 중요한 일에 실패했을 때, 무력감에 빠져 마음의 여유가 사라진다.	
4	어떤 일 때문에 마음이 괴로울 때는 감정의 균형을 잡으려고 노력한다.	
5	자신에게 어딘가 부족하다는 느낌이 들면 대부분 사람도 마찬가지로 그런 마음으로 살아가고 있음을 떠올리려고 한다.	
6	내 성격 중에서 마음에 들지 않는 부분에 너그러워지지 않고 짜증이 난다.	
7	힘든 경험을 했을 때, 나를 적절히 돌보고 친절하게 대할 수 있다.	
8	기분이 가라앉으면 대부분 사람이 나보다 행복해 보인다고 느낀다.	
9	고통스러운 일이 발생했을 때, 그 상황을 균형 잡힌 시각으로 바라보려고 한다.	
10	나의 실패는 인간의 보편적 모습의 하나라고 생각하려고 한다.	

오늘 내 마음은 명상

11	나에게 중요한 어떤 일에 실패하면, 실패를 곱씹으며 세상과 단절되려고 하는 경향이 있다.	
12	내 성격 중에서 마음에 들지 않는 부분을 이해하고 너그러운 태도로 바라보려 한다.	

채점 방법

• 합산 점수: 문항 4, 5, 7, 9, 10, 12에 표시한 점수의 합계에 36을 더한 다음, 문항 1, 2, 3, 6, 8, 11의 합계 점수를 뺀다.

• 계산식: (문항 4+5+7+9+10+12)+36−(문항 1+2+3+6+8+11)

평가 방법

• 셀프 컴패션을 구성하는 여섯 요인
  ① 자기 친절: 문항 7과 12
  ② 자기비판: 문항 1과 6
  ③ 보편적 인간성: 문항 5와 10
  ④ 고독감: 문항 8과 11
  ⑤ 마인드풀니스: 문항 4와 9
  ⑥ 과잉 동일시: 문항 2와 3

• 각 요인으로 점수를 내지 않고 합계 점수로 평가한다.

• 최저점이 12점, 36점이 평균 점수, 60점이 최고점이다. 28점에서 42점이 평균 범위에 들어간다. 28점 미만은 낮고 43점 이상은 높다고 평가한다.

※셀프 컴패션 척도 일본어판 12문항 축소판(아리미쓰 외, 2016)

마음이 평온해지는 원리

우울감이나 불안감은 사건을 비관적으로 인식하면서 높아진다. 프레젠테이션을 앞두고 자료를 검토하는데 실수를 발견했다고 가정해 보자. 확인이 부족했다고 후회하며 줄곧 '틀렸다'는 생각에 기분이 침울해진다. 이런 기분이 만성화되는 것이 우울증이나 불안 장애이다.

나는 연구를 통해 셀프 컴패션이 높으면 부정적인 생각이 줄고 긍정적인 생각이 늘어나 우울과 불안이 감소하고, 인생의 만족도가 상승한다는 사실을 밝혔다.

이처럼 셀프 컴패션이 어떤 매개 요인의 개입으로 정신 건강을 증진하는지 그 모델을 그림으로 나타냈다. 다른 매개 요인으로는 감정을 제어하는 방법의 하나인 적극적 문제 해결이 있다. 셀프 컴패션이 높으면 적극적 문제 해결 또한 증가한다.

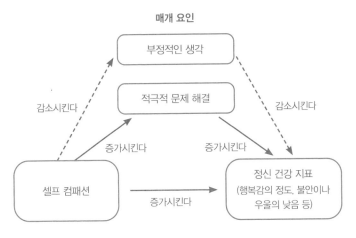

매개 요인

부정적인 생각

감소시킨다

적극적 문제 해결

증가시킨다

증가시킨다

셀프 컴패션

증가시킨다

감소시킨다

정신 건강 지표
(행복감의 정도, 불안이나
우울의 낮음 등)

정신 건강의 심리적 원리(구조)와 셀프 컴패션

이는 위에서 설명한 셀프 컴패션과 부정적인 생각의 관계와도 구조가 같다. 결국 부정적인 생각이 줄어들고, 인생의 만족도가 상승하면 어려운 문제에 직면했더라도 원만한 해결이 가능하다는 것이다.

마음의 상처를
다스리다

셀프 컴패션이 높으면 불쾌한 일을 겪어도 스트레스에 강해지는 완화제 같은 작용을 한다고 밝힌 연구도 있다.

가령, 부모의 양육 태도(양육 방식)를 들 수 있다. 유아기에 엄격한 훈육이나 신체적 학대를 받은 사람은 비난이 두려워 자기주장을 펼치지 못하는 등 대인 관계에서 불안, 고독감, 우울을 경험하기 쉽다고 한다.

셀프 컴패션은 부모나 타인에 대한 공포를 누그러뜨릴 수 있어 완화제처럼 불안이나 우울의 정도를 낮춰준다. 이것이 셀프 컴패션의 조정 효과이다. 오른쪽의 그림은 가상의 데이터를 제시한 그래프이다.

부정적인 사건은 여러모로 심리적인 영향을 끼친다. 예컨대 사고가 발생하거나 가까운 사람의 죽음 등은 자살 위험을 높인

오늘 내 마음은 명상

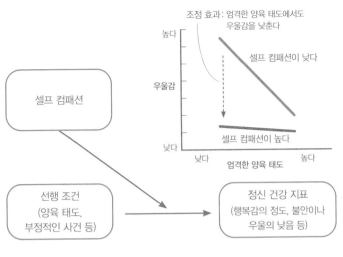

셀프 컴패션 조정 효과

다. 셀프 컴패션이 그 영향력을 감소시킨다는 사실을 밝힌 연구도 있다. 구체적으로는 사이버 폭력, 학교에서의 스트레스, 운동 경기에서의 탈락, 타인에게 거절당한 경험, 사후 세계 체험으로 인한 정신적 영향과 같은 것이다. 72쪽 표에서 보았듯이 암 환자의 스트레스, 만성 통증 환자의 고통, 간호사의 번아웃 증후군 외에 정신 질환 환자와 사는 동거인의 스티그마stigma(부정적인 낙인), LGBT 성 역할 갈등으로 인한 고통 완화에도 효과가 있음이 증명되었다.

우울할수록
셀프 컴패션의 효과가 좋다

독일의 디드리히Alice Diedrich(앨리스 디드리히, 심리학자–옮긴이) 박사는 우울증 환자를 실험실로 초대해 우울한 음악을 들려주고 '실패'라는 단어를 보게 했다. 이런 식으로 실험실 안에서 우울한 기분을 유도한 뒤 셀프 컴패션과 합리적 사고, 감정의 수용 중 어느 한쪽을 경험하게 했다.

셀프 컴패션 과제에서는 컴퓨터 앞에 앉아 있는 자신을 바라보는 관찰자 시점에서 친한 친구처럼 '네 기분 잘 알아. 우울한 생각이 떠올라서 기분이 좋지 않구나. 그래도 나는 너와 함께할 거고 도움을 줄 거야'라는 말을 걸게 하고 필요에 따라 어깨에 손을 얹거나 자신을 꺼안아서 진정시키게 두었다.

합리적 사고 과제에서는 문장을 읽고 기분이 우울해질지도 모르지만 그 생각으로 무언가가 변하지 않는다는 사실, 생각의 근거가 과거에 있는지, 모순되는 사실은 없는지에 대해 생각해 보게 했다. 마지막으로 감정 수용 과제에서는 마인드풀니스처럼 지금 현재의 감정에 주의를 돌려 감정에 이름을 붙이고 그 강도를 0~10점으로 평가하게 한 뒤, 잠시 아무런 대처를 하지 않고 그대로 감정을 관찰하게 했다.

이 세 가지 과제의 효과는 실험실에 왔을 때의 기분에 따라 달라졌다. 즉, 들어왔을 때 기분이 비교적 좋았던 우울증 환자들에게서는 각 조건 사이에 명확한 차이가 없었다.

반면 기분이 좋지 않았던 참가자들은 다른 두 방법보다 셀프 컴패션이 우울한 기분을 개선하는 데 더 효과가 있음을 보여주었다. 이 실험에서는 기분이 좋지 않을 때는 합리적으로 생각하는 방법으로는 감정이 제대로 처리되지 않으며 셀프 컴패션이 가장 유효하다는 가능성을 제시했다.

셀프 컴패션과
불교 '사무량심'과의 관계

  셀프 컴패션에는 문화적 차이가 존재한다. 네프 박사는 미국, 태국, 대만을 대상으로 셀프 컴패션 척도의 평균값을 비교했다. 미국은 자기비판 경향이 낮은 국가, 태국은 불교 국가, 대만은 유교 문화가 남은 국가로서 선택되었다.

  조사 결과 셀프 컴패션이 가장 높은 국가는 태국이었고, 두 번째가 미국, 세 번째가 대만이었다.

  태국 사람의 셀프 컴패션이 높은 이유는 사람들의 사고방식 자체가 불교의 사무량심四無量心에 토대를 두기 때문이다. 사무량심이란 자慈, 비悲, 희喜, 사捨 네 가지를 한없는 마음으로 베푸는 것, 무량심無量心을 의미한다. 불교에서는 사무량심을 실천함으로써 번뇌와 고민으로부터 벗어날 수 있다고 말한다.

사무량심	비슷한 것	정반대의 것
자: 행복을 바란다	자기애 (자신에 대한 집착)	분노, 원망
비: 고통에서 벗어나기를 바라고 돕는다	연민(비탄)	비판, 비난
희: 기쁨을 나눈다	경박한 기쁨	질투, 얕보는 태도
사: 평온하게 관찰한다	무관심	집착, 착각

불교의 사무량심

'자'는 '나와 네가 함께 행복하기를' 바라는 무조건적인 애정을 나타낸다. 그 반대는 조건부 애정이다. 타인에게 무언가를 기대하고(조건을 붙여서) 그대로 되지 않으면 분노와 원망을 일삼는다. 자기애가 강하고 스스로에게 큰 꿈을 품거나 특권 의식이 있으면, 그것을 잃을지도 모른다는 두려움이 고통의 원천이 된다.

'비'는 나와 타인의 괴로움을 이해하고 그것이 사라지기를 바라는 마음이다. '비'의 실천은 타인에 대한 배려이다. 다른 사람을 돕거나 지원하며 감사의 인사를 통해 기쁨을 느낀다. 그 정반대는 괴로워하는 나와 타인의 잘못 혹은 부족한 점을 비판하고 아무것도 하지 않는 모습이다. 또 타인의 괴로움에 공감했어도 '불쌍하다'라고 안타까워하기만 하는 마음이 연민의 감정인데 타인에게 도움이 되지는 않는다.

타인의 성공이나 행복을 함께 나누는 마음이 '희'이다. 타인의 행복을 조건 없이 바란다면 타인의 성공에도 기뻐할 수 있다. 그 정반대에 있는 것이 타인의 성공을 질투하거나 별것 아니라고 깔보는 태도이다. '희'와 언뜻 비슷해 보이나 전혀 다른 상태인 경박한 기쁨도 있다. 가령 아이가 잘했을 때만 기뻐하고 칭찬하는 등 실제로는 부모가 자신의 지시대로 아이가 행동하기를 바라는 경우이다.

'사'는 평정심을 가지고 모든 일을 있는 그대로 관찰하는 마음이다. 실패해서 서럽다고 느꼈을 때, '서러워'라고 있는 그대로 표현할 수 있다면 '사'의 상태이다. 부족했던 점과 함께 자신이 노력해온 점도 알아차려 평정심을 유지할 수 있다. 반대로 '성공'이나 '평가'에 집착하면 '이건 실패가 아냐'라고 믿어버리려 하거나 '난 무능해' 하며 자신에게 분노를 터뜨리기도 한다.

때로는 분노나 질투심을 느껴도 모르는 척 넘어간다든가, 별일 아닌 척 무관심을 가장하기도 한다. 겉보기에는 평온하고 고요해 보여 '사'와 비슷해 보여도 마음속은 아수라장이므로 '사'와는 다른 상태라고 할 수 있다.

태국에서는 사무량심의 실천을 중시하는 초기 불교가 신봉되고 있다. 초기 불교란 붓다의 가르침을 실천하는 교단으로 태국, 스리랑카, 미얀마에서 주류를 이루는 불교이다. 사무량심의

오늘 내 마음은 명상

실천은 태국 사람들 사이에서 살아 숨 쉬고 있으며 태국식 마사지도 이 실천이라고 할 수 있다. 셀프 컴패션은 사무량심의 사상에서 유래되었는데, 태국 사람들의 94%는 불교도이고 스스로에게 자비를 베푸는 것을 존중한다고 한다.

일본에 널리 퍼진 진언종이나 정토진종은 대승 불교이다. 대승 불교는 힌두교의 영향을 받았는데 불교를 창시한 붓다보다는 각기 다른 종파의 가르침에 따라 사무량심이 아닌 여러 가지 이타행利他行(스스로를 이롭게 하고 남도 이롭게 하는 부처님의 가르침-옮긴이)이 중심이 되었다.

한편 중국, 한국, 일본에서는 불교를 신앙으로 삼았지만, 문화적으로는 유교의 가르침이 깊이 뿌리내려서 장례식과 같은 의례를 중요시하는 등 셀프 컴패션이 높아질 요소가 없었다.

유교에서는 '인仁·의義·예禮·지智·신信'이라는 사람이 지켜야 할 다섯 가지 덕 '오상五常'을 중요하게 여기며, 이 가르침을 지키는 것이 성인聖人이 되는 길이라고 했다.

자녀 양육도 유교의 가르침이 기본이었기 때문에 어릴 적부터 성인聖人이 되기 위한 엄격한 교육을 시행했다. 오상을 어기는 것을 수치라 했고, 지키지 않으면 사회적으로 배제되었다.

부모는 아이가 엄격한 기준에 맞추어 행동하길 바라고 주위에 부끄럽지 않도록 "사람들이 보고 있잖니."라는 식으로 훈육

한다. 학교에서도 마찬가지로 다른 사람을 배려하는 인仁과 상하 관계에 기반한 예禮를 지키도록 교육하고 있다. 이러한 환경은 아이들이 자신의 행동을 비판적으로 판단하는 경향을 높이는 결과를 낳았고, 셀프 컴패션을 낮아지게 만들었다.

개인주의와 집단주의에 따른
셀프 컴패션의 효과

미국인은 긍정적 감정을 경험하는 경향이 세계에서도 높은 편에 속한다고 여러 연구를 통해 드러난 바 있다. 컴패션도 긍정적 감정의 일종이기 때문에 미국, 태국, 대만 3개국 중에서 미국이 가장 높을 것으로 예측할 수 있다. 그런데 미국인의 프런티어 정신에는 어떠한 역경에도 불평하지 않고 '무조건 직진'이라는 특징이 있다. 힘들 때 자신에게 친절을 베풀기보다 꾹 참고 미소 지으며 "괜찮아."라고 말하는 문화인 것이다. 그런 면으로 인해 사무량심이 일상화된 태국보다 점수가 낮게 나왔다고 분석할 수 있다.

일본과 미국의 컴패션을 바라보는 방식 차이는 보스턴 대학교에서 자비 명상 연구팀에 있을 때 실제로 체감한 적이 있다.

보스턴은 홋카이도 삿포로와 비슷한 위도에 있는 폭설 지대이다. 폭설 경보가 내려져 밖에 나갈 수 없었던 다음 날, 자전거를 타고 연구실에 도착한 동료와 엘리베이터에서 마주쳤다.

"눈이 엄청나게 내렸어요. 눈 속에서 달리는 거 힘들었죠?"라고 말을 걸자 동료는 "아니, 괜찮아요." 웃으며 대답했다. 본심이라는 생각이 들지 않아 재차 물었다.

"저도 걷다가 미끄러져서 등골이 오싹했는데. 자전거는 괜찮았어요?"

다시 빙그레 웃으며 "이 얘긴 이제 그만하죠."라고 대답했다.

같은 일본인이었다면 "아이고 너무 힘들었어요.", "미끄러지지 않게 조심해야죠." 맞장구치며 서로의 노고와 걱정을 나누었을 터이다. 하지만 미국인은 부정적인 방향으로 대화가 흐르면 "괜찮아요."라든지 "신경 안 써요."로 반응하기 일쑤였다. 데이터를 근거로 한 이야기는 아니지만 '무조건 직진' 문화는 지금도 건재하는 듯하다.

나는 명상 훈련 지도자로도 일한 적이 있는데 미국인의 변화는 극적이었다.

미국인 만성 우울증 환자를 대상으로 자비와 마인드풀니스 명상 프로그램을 12주에 걸쳐 진행했다. 놀랍게도 참가자 대부분이 프로그램 수료 후에 우울 경향이 '0'에 가까운 수치를 보였고 '활기차다', '의욕이 생겼다'와 같은 긍정적 감정에 관한 평가

오늘 내 마음은 명상

가 상승했다. 과제가 진행되고 명상 실천이 거듭되면서 미소와 활기가 넘치는 참가자가 늘었다는 느낌을 받았지만, 이 정도로 좋아졌을 거라고는 짐작하지 못했다. 미국은 워낙 긍정적 감정 표출이 자연스러운 문화권인데, 우울한 기분이 나아지자 원래 대로 감정을 표출하게 된 것이라 추측할 수 있었다.

일본인을 대상으로 한 셀프 컴패션 7주 훈련에서는 참여자 소감 중에 '명상을 계속하고 싶다', '기분이 나아졌다'와 같은 의견이 있었고, 셀프 컴패션 수치가 올라가는 효과를 얻었다. 하지만 우울 경향이 감소했어도 '0'에 가까운 사람은 없었으며 긍정적 감정에는 변화가 없었다. 프로그램을 진행하면서 '마음이 따뜻해졌다', '안도감을 느꼈다' 등의 의견은 있었으나 '활기차다', '의욕이 생겼다' 같은 분위기나 프로그램을 끝낸 뒤의 감상은 없었다.

일본인에게 명상 지도할 때를 떠올려 보면 자신의 상처가 치유된 경험을 말할 때보다 소중한 사람에게 고맙다는 말을 듣거나 불편한 사람과 잘 지내게 되었을 때 참가자가 더 잘 웃는다는 느낌이 들었다. 참가자는 인간관계의 고민이 해결되는 순간에 가장 기뻐 보였다.

확실히 일본인은 미국인과 달리 긍정적 감정을 요란스럽게 표출하지도 않고 타인과 협조하여 잘 지내는 것을 행복이라 느끼는 문화를 가지고 있다. 서로 배려하는 태도를 보이면 안심하지만, 조금이라도 의견이 다르거나 상대에게서 싫은 기색을 느끼면 더는 그 화제를 꺼내지 않으려 한다. 그렇다면 일본인은 자신보다 타인을 위해 컴패션을 보이고, 배려 있는 대화와 행동을 통해 대인 관계의 어색함이 해소될 때 행복을 더 느낄지도 모를 가능성이 있다.

미국과 일본의 문화적인 차이에는 개인주의와 집단주의가 있다. 개인주의 성향의 사람들은 실패했을 때 모든 책임을 자신이 지려고 하는데, 집단주의 성향의 사람들과 비교하면 자기 평가가 낮을 때 긍정적 감정이 감소하기 쉽다고 할 수 있다. 따라서 자신의 상처를 치유하고 자신의 좋은 점을 받아들이는 것이 특성인 셀프 컴패션이 긍정적 감정을 촉진하는 힘은, 집단주의 국가보다 개인주의 국가에서 더 높다고 예상할 수 있다.

반면에 집단주의의 사람들은 나와 타인이 가치관이나 목적을 공유해야 하고, 타인의 행복을 나의 행복이라고 느끼며, 내가 타인과 똑같은 행동을 해야 안심하는 경향이 있다. 이러한 행복감을 협조적 행복감Interdependent Happiness 이라고 하는데 소득 수준이나 좋은 평가로 느끼는 행복감과 구별한다. 타인에게 컴패션을 보이는 경향은 집단주의 국가에서는 협조적 행복감을 더 높이고 싶어 하기 때문이라고 할 수 있다.

조사 결과는 이 두 가설을 입증하는 것이었다. 오른쪽 그림의 x축은 각각 셀프 컴패션과 타인을 향한 컴패션을 나타내고 있

오늘 내 마음은 명상

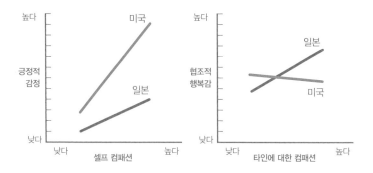

자신과 타인에 대한 컴패션과 긍정적 감정·협조적 행복감의 관계

다. 셀프 컴패션이 긍정적 감정을 촉진하는 힘은 일본보다 미국에서 더 높았고 타인을 위한 컴패션이 협조적 행복감을 높이는 힘은 일본에서만 인정되었으며 미국에서는 관계성이 없었다. 이 연구 결과를 보면 컴패션 훈련을 했을 때, 미국에서는 셀프 컴패션이 긍정적 감정을 높이고, 일본에서는 타인을 위한 컴패션이 협조적 행복감을 높인다.

자비 명상의 효과

    자비 명상은 나와 타인의 행복을 기원하고 고민이나 괴로움이 사라지길 바라는 명상법이다. 보통 마인드풀니스 호흡 명상(49쪽)부터 시작해서 오른쪽 표에 나와 있듯이 '안전', '행복', '건강', '마음의 평안'이라는 네 가지 카테고리에 대한 문구를 반복해서 되뇌며 자신 혹은 타인을 친절함으로 감싸 안는다. 불교 사무량심의 실천이며 친절, 애정, 감사와 같은 감정을 경험하면서 나와 타인을 구별하지 않고 완전히 같은 생명이라는 보편적 사실을 알아차릴 수도 있다.

    문구의 시작을 '나'로 바꾼 나를 위한 자비 명상은 셀프 컴패션을 높이는 기본적인 명상법이다.

자비 명상 프로그램의 대상은 일반 성인뿐만 아니라 임상 군으로도 확대되고 있다. 프레드릭슨Barbara Fredrickson. 박사 연구팀은 조현병 환자를 대상으로 증상 개선 효과를 얻었다. 커니David J Kearney.. 박사는 자비 명상 12주 프로그램을 외상 후 스트레스 장애PTSD 환자를 대상으로 실시하였고, 호프만Stefan G Hofmann... 교수는 만성 우울증 환자에게 적용하였는데 여기서도 높은 증상 개선 효과를 보았다.

후자인 만성 우울증 연구는 내가 보스턴대학교에 있을 때 참가했던 연구이다. 일본에 돌아온 뒤에는 같은 프로그램을 일본의 사회 불안증 환자를 대상으로 적용하고 있다.

카테고리	문구의 예
안전	당신이 안전하기를 당신이 위험하지 않기를
행복	당신이 행복하기를 당신의 마음이 기쁨으로 충만하기를
건강	당신이 건강하기를 당신의 몸과 마음에 평안함이 깃들기를
마음의 평안	당신의 고민이나 괴로움이 사라지기를 당신의 욕심, 분노, 질투가 사라지기를

자비 문구 예시

- Barbara Fredrickson, 바버라 프레드릭슨: 미국의 긍정 심리학자
- David J Kearney, 데이비드 J 커니: 워싱턴대 교수
- Stefan G Hofmann, 스테판 G 호프만: 보스턴대 심리학과 교수

나는 2007년 수치심과 죄책감 전문 연구자인 길버트Paul Gilbert·
교수가 주관한 자기비판과 수치심을 주제로 한 '컴패션·포캐스
트·테라피Compassion Forecast Therapy'라는 워크숍에서 셀프 컴패션을
알게 되었다. 그 영향을 받아 길버트 교수가 발표한 '컴패션·마
인드·트레이닝Compassion Mind Training' 기법을 받아들여 성인 일본
인을 대상으로 무작위화 비교 시험을 시행했다. 아래의 표가 그
에 관련된 내용이다.

---

1. 자비와 마인드풀니스 명상(108~127쪽)

2. 배려가 있는 이상적인 자신의 이미지 연습(127~133쪽)

3. 컴패션 레터(143~147쪽)

4. 빈 의자 기법(149~151쪽)

5. 배려가 있는 행동 실험

셀프 컴패션 향상 프로그램

워크숍은 4~5명의 그룹을 대상으로 매주 한 번, 회당 1시간
30분가량 총 7회에 걸쳐 실시했다. 이 연구에서도 셀프 컴패션
이 높아지고, 우울, 불안이 감소한다는 의미 있는 결과를 얻었
다. 셀프 컴패션 향상 프로그램으로는 일본인을 대상으로 처음

Paul Gilbert, 폴 길버트: 영국 더비 대학교의 임상 심리학 교수로서, 30년 넘게 수치
심 문제와 관련된 기분 장애의 치료와 연구 활동에 전념하고 있다.

오늘 내 마음은 명상

실시한 과학적 실험이었다.

이미 일본인에게 효과를 보았기 때문에 독자 여러분에게도 활용하기 어렵지 않은 기법이라 생각한다. 셀프 컴패션 향상 프로그램 표를 참고하여 연습이 제시된 페이지를 읽고 시도해 보길 바란다.

위와 같은 프로그램 이외에도 셀프 컴패션 향상 프로그램은 세계 곳곳에서 발표되었고 연구 성과도 나오고 있다. 셀프 컴패션을 높이는 프로그램은 네프 박사의 마인드풀 컴패션도 유명하다. 유사한 연구물의 성과를 수집하여 종합적으로 효과를 분석한 연구(메타 분석)에 따르면 셀프 컴패션 향상 프로그램은 우리의 정신 건강을 증진하는 효과가 있음이 밝혀졌다.

Chapter 2

나에게 너그러워지면
새로운 '나'를 만날 수 있다

내 몸을
차근차근 살피다

셀프 컴패션을 높이는 방법은 다양하다. 1장에서도 실천 방법을 소개했지만, 2장에서는 공식 명상법formal practice인 셀프 컴패션 훈련 프로그램을 소개하겠다.

3장에서는 일상생활 속에서 이루어지는 비공식 명상법informal practice을 소개할 것이다. 기본적인 사항을 2장에서 충분히 경험해두면 3장의 내용에 쉽게 접근할 수 있다.

가장 먼저 자신의 몸을 차근차근 바라보는 방법을 알아보자. 마인드풀니스 호흡 명상을 경험한 사람이 쉽게 따라 할 수 있으니 아직 해보기 전이라면 마인드풀니스 호흡 명상을 시도하고 나서 다시 돌아오길 바란다.

셀프 컴패션 바디 스캔

이 명상에서는 내 몸의 모든 부위를 살펴보고 피로한 부분을 발견했다면 그곳으로 감사와 자비의 마음을 보낸다. 호흡의 움직임부터 내 몸 구석구석, 그리고 몸 전체를 알아차려 나간다.

① 편안한 자세를 취한다. 가슴을 쫙 펴고 의자 등받이에 기대지 않은 채 허리를 곧게 펴고 앉는다. 긴장을 풀고 어깨의 힘을 뺀다. 발은 바닥에 붙인다. 손은 늘어뜨리거나 무릎 위에 올려둔다.

누운 자세도 괜찮지만, 평소에 잠자는 침대라면 자연스럽게 졸음이 밀려올 수 있으니 요가 매트 위에서 진행하는 등 다른 방법을 찾아본다.

② 명상할 준비(⑩)가 되었다면 눈을 감는다.

눈을 뜨고 할 때는 45도 아래를 내려다본다.

③ 처음에는 코에서 드나드는 공기의 흐름에서 발생하는 신체 감각을 살펴나간다.

입을 다문 상태에서 들어오는 공기와 나가는 공기의 흐름을 느낀다.

순간순간 변화하는 콧속의 감각을 살펴본다.

일어나는 감각을 알아차려 나가는 모습을 '들이마시는 숨을 알아차리고, 내쉬는 숨을 알아차린다'라고 마음속으로 소리 내어 보아도 좋다.

④ 잠시 뒤, 호흡의 흐름에 따라 복부 아래쪽이 희미하게 부풀거나 줄어드는 것을 알아차릴 수 있다.

복부의 팽창과 수축에 의식을 집중한다.

'부푼다, 부푼다, 줄어든다, 줄어든다' 움직임을 있는 그대로 표현해도 좋다.

⑤ 호흡을 통제할 필요는 없다. 규정된 상태도 없다.

그저 있는 그대로 호흡의 흐름에 따라 움직이는 복부의 팽창과 수축을 알아차리는 것만으로도 좋다.

⑥ 주의가 흐트러져서 마음이 방황하더라도 그것은 매우 자연스러운 일이니 괜찮다.

만약 생각이 떠오르는 것을 알아차렸다면 '생각', '생각', '생각'이라고 마음속으로 되뇌어 보자. '아픔'이나 '가려움'도 마찬가지다.

몇 번이고 그 순간에 일어나는 감각으로 돌아가는 것이 명상의 실천이다.

⑦ 어느 정도 호흡 명상을 했다면 바디 스캔을 시작한다.

⑧ 이제부터 내 몸의 '탐정'이 되어본다. 지금 이 순간 몸 안에서 어떤 일이 일어나는지 알아차려 나간다.

몸 전체를 스캔하다 보면, 피곤한 일이 있는 날에는 이제까지 경험한 적 없는 아픔이나 감각에 눈뜨기도 한다.

이제까지 자주 느꼈던 감정을 경험하기도 한다.

아무것도 느끼지 않을 수도 있다.

지금 이 순간의 경험이나 감정은 어떤 것이라도 받아들인다.

○ **실천을 시작하다 : 하반신**

① 양발로 주의를 옮긴다.

발끝, 발등과 발바닥, 발바닥 앞쪽(엄지발가락과 발바닥이 이어진 부분), 발뒤꿈치로 주의를 옮긴다.

신발을 신고 있다면 발과 신발의 연결을 느낀다.

② 발목으로 주의를 옮겨 발목과 발의 연결을 알아차린다.

종아리 근육과 뼈(정강이뼈)에 주의를 옮긴다.

무릎으로 올라가 바지와 맞닿은 감각, 그리고 무릎과 허벅지 근육(무릎 인대와 허벅지 뒤쪽 근육)을 알아차린다.

③ 엉덩이로 주의를 옮겨 다리 전체의 감각을 알아차린다.

수행하면서 알게 된 것을 마음에 담아둔다.

근육을 움직이거나 근육의 상태를 바꿀 필요는 없다.

지금 현재의 상태를 그저 관찰한다.

④ 두 다리가 당신을 지탱하고 있다는 사실에 주의를 옮긴다.

○ 실천을 계속하다 : 상반신

① 이제 상체의 위와 가슴으로 이동한다.

호흡할 때마다 위와 폐가 확장했다가 다시 원래대로 돌아오는 것을 알아차린다.

어떤 형태의 호흡이건 바꿀 필요는 없다. 당신의 몸을 있는 그대로 알아차리면 된다.

호흡에 따라 발생하는 감각이 변화하는 걸 알아차리기도 하는데, 괜찮다.

이 실천을 계속하면 시간이 지날수록 호흡법도 서서히 변화할 것이다.

② 가슴에서 쇄골, 어깨로 주의를 옮긴다.

③ 이제 손가락 하나하나에 이르기까지 주의를 집중한다. 손가락 주변의 공기를 느끼고 손등과 손바닥 주변 공기의 감각도 살펴본다.

④ 손에서 손목, 팔 아랫부분, 팔꿈치, 팔 윗부분으로 주의를 옮겨 상완 이두근과 삼두근의 감각을 알아차린다. 여기까지 알아차린 감각을 받아들이고 양손과 양팔이 당신을 지

탱하고 있다는 사실을 깨닫는다.

⑤ 의식이 어깨에 이르렀다면 허리 쪽으로 내려가 허리가 어디에 닿아있는지 알아차린다.

등에서 목과 어깨로 의식을 위쪽으로 되돌릴 때 척추 혹은 경추 사이의 공간을 알아차린다.

⑥ 어깨가 긴장되었다면 힘을 뺀다. 어깨에 관련된 근육을 이완시킨다. 최대한 어깨, 가슴, 팔을 축 늘어뜨린다.

⑦ 머리 뒤쪽에서 앞쪽 얼굴로 주의를 옮긴다.

얼굴의 긴장을 풀어준다. 턱이 굳어있다면 이완시킨다.

미소를 지으면 얼굴의 긴장이 절로 풀린다.

⑧ 얼굴의 모든 부위에 주의를 기울인다.

얼굴에서 목, 그리고 심장으로 주의를 옮겨 나간다.

심장이 맥을 뛰게 만듦을 알아차린다. 심장은 늘 우리를 위해서 움직였다. 불평불만 없이 계속 애써주었다.

심장에 감사의 마음을 보내자. 숨을 들이마시고 심장을 알아차리고 숨을 내쉬면서 '감사'의 마음을 심장에 전한다.

⑨ 이제는 몸 전체로 모든 주의를 기울인다.

그다음 숨을 들이마실 때, 신선한 공기와 평온함을 받아들인다.

그리고 다음 숨을 내쉴 때, 어디든 좋아하는 신체 부위의 긴장을 풀어준다.

⑩ 혹시 어딘가에 긴장, 피로, 통증이 있다는 것을 알아차렸다면 감사의 에너지를 그곳으로 보낸다. 그렇게 충분히 쉬게 해준다.

숨을 들이마시며 그 감각을 알아차린다.

숨을 내쉬면서 '고마워' 하고 그곳에 친절한 마음을 보낸다.

⑪ 숨을 들이마시고 숨을 내쉬면서 전신이 가벼워졌다는 느낌이 들지도 모른다.

마치 수면에 떠 있는 연꽃처럼.

아무것도 하지 않아도 괜찮다. 천천히 조용히 지금 이 순간을 느껴보자.

⑫ 주의를 호흡으로 돌린다.

복부가 부풀고 줄어드는 것을 느낀다.

○ 실천을 마치다

① 손가락이나 발가락을 꼼지락꼼지락 움직인다.

② 눈을 감고 있다면 서서히 눈을 뜨면서 눈 안으로 빛을 받아들인다.

어떠했는가? 몸의 여러 가지 감각을 알아차릴 수 있었는가?

평소에는 내 몸 감각에 주의를 기울이는 일이 별로 없을 것이다. 그런데 바디 스캔을 해보니 근육의 움직임, 통증, 내장의 감각이 느껴지지 않았는가? 이러한 감각을 전문적으로는 내수용 감각(운동 감각이나 평형 감각, 내장 감각 등의 신체 내부 감각-옮긴이)이라고 한다.

내수용 감각은 뇌로 전달되며 우리 몸을 조절하기 위해서 꼭 필요한 것이다. 그 감각을 마인드풀하게 알아차림으로써 몸과 마음을 잘 조절하게 된다.

그렇다면 지치거나 아픈 부위를 알아차릴 수 있었는가?

자신의 근육이나 장기에 친절을 내비쳤을 때 어떤 기분이 들었는가?

이 명상은 내 몸이 불평불만 없이 나를 위해서 열심히 움직인다는 사실에 관심을 돌리게 할 좋은 기회이다.

세포 하나하나까지 자비와 감사의 에너지를 보내는 것이 신체를 위한 셀프 컴패션이다.

소중한 심장.

산소를 공급해주는 폐.

영양을 흡수해주는 위장.

기름과 알코올을 처리해서 영양을 관리해주는 간장.

다양한 정보를 듣게 해주는 귀.

즐거운 일도 슬픈 일도 느끼게 해주는 뇌.

머리를 보호해 주는 머리카락.

빛을 전해주는 두 눈.

여러 가지 작업을 할 수 있게 해주는 팔과 손, 손가락.

걷게 해주는 발.

모두 당신의 소중한 '친구'이다. 매일 바디 스캔을 통해 더없이 소중한 친구에게 친절한 마음을 전해보자. 그러다 보면 고생하는 장기를 배려한 식생활이나 업무 수행 방식을 추구하게 되지 않을까? 세포가 환호성을 지르는 소리가 들려올지도 모른다.

병에 걸리거나 몸이 불편할 때도 방법은 같다. 이제까지 '없었으면 좋을 텐데' 하며 애써 외면하려 했던 신체 부위에도 자비의 빛을 비춰주자.

자비 명상
기본 편

　　셀프 컴패션을 높이려면 1장에서 소개한 연습과 바디 스캔 이외에도 자비 명상을 시작해야 한다. 일상에서 생기는 사소한 짜증이라면 지금까지의 연습으로 대응할 수 있다. 하지만 인간관계에서 발생하는 고민이나 괴로움, 분노나 슬픔을 받아들이려면 그만큼 커다란 토양인 컴패션이 필요하다.

　　컴패션은 방치하면 작아지고 사신의 욕구만 채우려는 마음이 더 커진다. 그 균형을 잡기 위해서 평소에 컴패션을 키워두어야 하는데 그 방법의 하나가 바로 자비 명상이다. 자비 명상은 살아 있는 모든 생명의 행복을 바라는 명상법이다. 살아 있는 모든 생명에는 자기 자신이나 가까운 사람, 모르는 사람도 들어간다. 그중에는 싫어하는 사람이나 거리감을 느끼는 집단과 사람도 포함된다. 싫어하는 사람, 아무런 관련이 없는 사람이나 생물을 위해 행복을 바란다는 건 얼핏 어렵게 느껴지지 않는가? 하지만 순서대로 범위를 넓혀간다면 누구나 할 수 있는 일이다.

이 책의 궁극적인 목표는 일상생활 속에서 명상을 실천하여 불안과 우울에서 벗어나 긍정적 감정을 알아차리게 만드는 것이다. 이를 위해 자비 명상은 중요한 과정이다. 처음에는 행복을 저절로 바라게 되는 감사와 존경을 느끼는 감사한 사람을 대상으로 시작하겠다.

제일 먼저 '감사한 사람'의 행복을 바라다

우리는 곤란에 처한 사람을 보면 자연스레 그 사람의 심정을 헤아리며 도와주려고 한다. 또 친한 친구나 사랑하는 사람에게 소원이 있다면 그것이 실현되기를 바라고 도울 일이 있으면 흔쾌히 거들려고 한다. 이러한 친절과 배려는 무조건적인 사랑이다.

일이나 연애 관계에서 '○○대학 출신이니까'리든가 '○○회사에 다니니까'와 같은 이유로 상대를 대하는 방식이나 기분이 바뀔 때가 있다. 그것은 조건부 사랑이라 부를 수 있다.

우리가 앞으로 가꾸어야 할 것은 무조건적인 사랑의 토양이다. 배려, 따뜻함, 친절, 감사나 존경과 같은 감정을 길러야 한다.

가장 먼저 수행할 실천으로서 당신이 감사와 존경을 느끼는 사람의 행복을 빌어보자.

감사한 사람의 행복을 비는 방법으로서 자비 문구(93쪽)를 외워보자. 문구로 쓸 말은 자신이 마음에 드는 것으로 바꾸어도 상관없다. 문구를 반복할 때마다 생겨나는 감정이나 감각에 주의를 기울이고 다시 문구의 처음으로 돌아간다.

처음에는 살아있는 사람을 대상으로 해야 한다. 만약 돌아가신 분이 대상이 되면 '내가 이렇게 해드렸어야 했는데'처럼 자신에게로 마음이 향할 수 있기 때문이다.

 ## 감사한 사람을 위한 자비 명상

편안한 자세로 앉을만한 장소를 찾는다. 바닥도 의자도 상관없다. 허리를 바로 세우고 가슴은 쫙 펴고 어깨의 힘을 빼서 이완된 상태로 앉는다. 다리는 꼬지 말고 의자 등받이에도 기대지 않고 앉는다.

명상 준비가 되었다면 천천히 눈을 감는다. 눈을 뜬 채 한 곳을 응시해도 좋다. 편한 쪽을 택하면 된다.

① 마인드풀니스 호흡 명상(49쪽)부터 시작한다.

② 당신이 감사와 존경을 느끼는 한 사람을 떠올린다.

③ 그 사람의 좋은 점, 그 사람이 해준 일을 떠올린다.

④ 그 사람의 이름을 말해보거나 당신의 1.5m에서 2m쯤 떨어진 곳에 그 사람이 따뜻한 미소로 앉아 있는 모습을 상상해도 좋다.

⑤ 그 사람의 은혜에 보답하는 느낌으로 이번에는 그 사람의 행복을 빌어본다.

⑥ 그 사람을 에워싸듯이 행복을 바라는 문구를 마음속으로 되뇌어 본다.

'당신이 안전하기를'

'당신이 행복하기를'

'당신이 건강하기를'

'당신이 평온한 삶을 누리기를'

⑦ 호흡의 리듬에 맞춰 문구 하나하나를 천천히 부드럽게 외워본다. 당신이 외치는 문구가 감사한 사람을 에워싸는 이미지이다.

⑧ 피어오르는 감각, 감정, 사고에 주의를 기울인다. 알아차렸다면 다시 문구의 처음으로 돌아간다.

⑨ 처음에는 따뜻한 느낌이나 너그러운 마음이 생기지 않아도 그것은 매우 자연스러운 일이므로 걱정하지 않아도 된다. 사랑과 자비의 감정을 억지로 만들어내려고 하지 않는다. 그런 감정이 생겨도 생기지 않아도 괜찮다.

⑩ 문구를 기계적으로 반복한다는 느낌이 든다면 '행복해지길 빌게'라는 문구의 의미를 떠올려보자. 그 사람에 대한 감사의 마음, 그 사람의 행복을 바라는 마음이 연결되어 있다. 다시 의식을 되돌려 문구를 반복한다.

⑪ 3분 정도 계속했다면 이 명상에서 느낀 바가 무엇이든 상관없으니 포근히 마음에 담은 뒤 천천히 눈을 뜬다.

여기까지가 감사한 사람을 위한 자비 명상이다.

존경이나 감사를 느끼는 사람에게 우리는 다정한 기분이 들기 마련이다. 하지만 일상에서는 유독 그 기분을 알아차리거나 행복을 빌 기회가 드물었다. 이 명상에서는 감사한 사람의 좋은 점을 떠올리고 행복을 빌면서 우리의 자비로운 마음을 끌어내고 또 그것을 기르는 것을 실천한다.

명상을 해본 여러분의 감상은 어떠했는가? 감사한 사람의 이미지가 잘 떠올랐는가?

또 신체의 감각, 감정, 사고의 변화를 알아차렸는가?

그 사람을 향한 감사나 존경을 떠올렸을 때 따뜻함이나 너그러움 등 다양한 긍정적인 느낌이 생겨난다. 어쩌면 '당신이 행복하기를'이라는 문구로 감사한 사람을 감싸주었을 때 내 몸이 따뜻해지고 마음이 너그러워진 것을 알아차렸을지도 모른다. 문구를 되뇌다 보면 그 사람이 해준 일 덕분에 지금의 내가 있다는 것을 통찰하기도 한다. 이러한 생각도 그대로 받아들이자. 감사한 사람과의 연결, 배려의 연속성을 감지할지도 모른다.

이처럼 문구를 반복하는 것만으로 감사, 존경, 자비라는 긍정적인 감정이 자란다. 자비의 힘은 환경이나 몸 상태에 따라 달라진다. 몸 상태가 좋지 않으면 느끼기 어렵고, 큰 고민을 안고 있으면 처음에는 진행이 더디다. 너무 큰 기대를 걸면 기대를 저버린 채 끝나기 십상이다.

명상을 수행하면서 부정적인 감정이 생기는 과정은 일상생활에서 고민과 괴로움이 생기는 과정 그 자체와 유사하다. 그냥 내버려 두면 '싫다'라는 판단 하에 이로운 것도 전부 차단해 버리는데, 그런 마음가짐에서 멀어지기 위해서 자비 명상을 실천하는 것이다. 잘 안 된다는 생각이 들어도 그 부정적인 감정을 받아들이며 계속 시도해 보자.

좋아하는 사람, 친한 사람의
행복을 바라다

여기서는 좋아하는 사람이나 친한 사람으로 자비의 범위를 확장한다. 좋아하는 사람, 친한 사람 중에서 순수하게 그 사람의 행복을 빌어줄 수 있는 사람을 한 명 떠올리자. 너무 좋아해서 불만이 쌓이거나, 어중간한 친분만 있고 그다지 친근감을 느끼지 않는 경우는 자비의 마음을 보내기가 조금 어렵기 때문에 '순수하게' 빌어줄 수 없으면 오히려 피하는 편이 낫다.

연애 상대라면 인생의 어느 순간에는 대부분 열렬히 사랑했을 것이다. 그 상태가 계속된다면 이번 명상의 대상이 되겠지만 좋아하는 만큼 시간이 지남에 따라 '이랬으면 좋겠어', '이렇게 해주지'와 같은 요구가 점점 늘어날지도 모른다.

우리는 '이 사람을 좋아한다' 생각하면 그 상태가 지속되기를 열망한다. 이것은 애정이 아니라 욕구이다. 일단 손에 넣으면 얻은 것을 꽉 움켜쥐는데 이것은 집착이다. 그리고 손에 넣은 것이 달라지면 '예전과 다르다'며 화를 내고 그것을 빼앗길라치면 질투와 증오의 감정에서 허우적대며 강렬하게 저항한다. 연애나 부부 관계에서도 상대에 대한 불만은 채워지지 않는 욕구와 집착에서 나오는 것이다. 애정이 깊어짐에 따라 소중한 사람을 상처 주기까지 한다. 이처럼 지나친 집착은 해가 된다.

집착은 타인뿐만 아니라 자기 자신의 건강 상태, 가족, 돈, 지위, 명예를 대상으로도 일어난다. 자신이 소유한 물건이나 획득한 것에 애정을 쏟고 소중히 여기는 것은 아주 자연스러운 감정이다. 하지만 너무 강해지면 잃어버릴까 불안하고 뺏길까 노심초사해서 괴롭다.

높은 사회적 지위를 가진 사람이 자신의 지위를 공고히 하기 위해서 거짓말을 하는 등의 예는 이 세상에 수두룩하다. 이미 부자인 사람이 더 부자가 되기 위해 탈세를 하거나 뛰어난 스포츠 선수가 성적을 유지하기 위해 도핑을 하는 것도 그런 일례이다.

또 높은 성과를 계속 내야 한다는 압박으로 인해 정신적인 병을 얻고 알코올 의존증이나 약물 의존증으로 이어지는 예도 얼마든지 있다. 최악의 경우는 주위에서 인정받고 있음에도 불구하고 자살에 이르는 사람이다. 다음과 같은 예도 비슷한 맥락이다. 가령 맛있는 케이크를 먹고 나면 또 먹고 싶은 생각이 들지 않는가? 만약 눈앞에 두 번째 케이크가 있다면 먹어버릴지도 모

오늘 내 마음은 명상

른다. 욕구는 탐욕이다. 마찬가지로 술, 담배, 성행위, 마약에도 이러한 중독성이 있다.

심지어 같은 가게에서 그 케이크를 다시 먹었을 때 맛이 다르면 '왜 전에 먹었던 거랑 맛이 다른 거야!' 하고 화를 낸다. 내 입맛이 달라졌을 가능성은 조금도 고려하지 않는다. 탐욕에 지배된 인간은 분노와 불만을 터뜨리기만 하고 자신을 돌아보지 않는다.

좋아하는 무언가가 달라졌다고 느끼면 밉고 화가 나는 것은 '좋다'라고 생각하면 오로지 그것밖에 모르는 열정이 생기기 때문이다. 열정에는 짧은 시간에 수많은 일을 가능케 하는 장점이 있으나, 오래가지는 않는다. 금세 '좋다'라는 감각은 사라져버린다. 그 뒤에 남겨지는 건 그 당시 사랑을 갈구하던 마음과 욕구 불만뿐이다. 우리는 마인드풀니스와 컴패션으로 그 사실을 알아차려야 한다.

'좋다'라는 감정을 '좋아한다고 생각한다'라고 알아차리고, 그 감각을 천천히 음미하고, 변화를 관찰하자. 그리고 그다음에 일어나는 감각을 알아차려 나간다. 고요한 행복감에 미소 짓게 될 것이다. 열정 같은 큰 추진력은 없지만, 실망할 일도 없고 애태울 일도 없다. 우리를 잘못된 방향으로 이끄는 감정에서 멀어질 수 있다.

이제 명상할 준비가 되었다면 다음 연습에서 좋아하는 사람, 친한 사람을 위한 행복을 빌어보자.

 좋아하는 사람 · 친한 사람을 위한 자비 명상

당신이 예전부터 따뜻하고 친절한 감정을 품었던 좋아하는 누군가, 친근감을 느끼는 누군가를 그려보자. 처음에 시도할 때는 성적 욕구를 느끼는 사람은 제외한다. 친한 친구는 물론, 친밀감을 느낀다면 선생님도 부모님도 반려동물도 괜찮다. 애정과 친밀함을 느끼는 사람을 떠올려보자.

머릿속으로 그 사람을 떠올리며 내 앞에 그 사람이 미소 짓는 모습을 그려본다.

당신이 그 사람과 만나게 되어 좋았던 점은 무엇인가?

이제 좋아하는 사람, 친한 사람의 행복을 빌어보자. 소리 내지 않고 문구를 혼자서 반복해 본다.

'당신이 안전하기를'

'당신이 행복하기를'

오늘 내 마음은 명상

'당신이 건강하기를'

'당신의 고민과 괴로움이 사라지기를'

문구 하나를 한 호흡의 사이클마다 천천히 부드럽게 마음속으로 성심껏 외쳐보자. 이렇다 할 감정이 일어나지 않아도 걱정할 필요 없다.

자비의 문구를 정성을 다해 좋아하는 사람, 친한 사람에게 전해본다. 그리고 일어나는 감정을 받아들인다.

만약 처음 생각했던 사람과 다른 사람이 떠올랐다면 그 사람에게 주의를 기울인다.

어떤 인물을 떠올려 처음에 행복을 빌고 난 뒤에, 그 사람이 비판적으로 보이거나 대상으로 잘 선택한 것인지 의문이 생길지도 모른다. 그 사람을 대상으로 자비의 마음이 키워질까, 그럴 역량이 나에게 있을까 하는 의심이 갈 수도 있다.

그런 생각이 떠올라도 그저 '생각'으로서 알아차리고 마음을 열고 호기심을 가지고 따뜻하게 맞이한다. 이러한 생각은 스쳐 지나가게 두고 처음에 그 사람을 대상으로 선택한 기분으로 돌아가 명상을 하면서 자비로운 마음을 키우도록 하자.

그럼 문구를 몇 번 더 되뇌어 보자.

'당신이 안전하기를'

'당신이 행복하기를'

'당신이 건강하기를'

'당신의 고민과 괴로움이 사라지기를'

마음속에 따뜻하고 친절한 마음을 그대로 둔 채, 좋아하는 사람의 이미지를 살포시 놓아준다.

'오늘 고마워'라고 말을 걸어도 좋고 그 사람의 이미지가 스르르 사라지는 모습을 관찰해도 좋다.

어떤 느낌이 들었는가? 좋아하는 사람, 친한 사람과의 교감을 즐길 수 있었는가? 감사한 사람을 위한 명상과 마찬가지로 매일 시도하다 보면 자비로움이 조금씩 커질 것이다.

만약 아무리 해도 저항감이 사라지지 않는다면 대상이 되는 사람을 바꿔보자. 꼭 이렇게 해야 한다는 정해진 형식은 없다.

나의 행복을
바라다

나에게 자비를 보내는 방법은 지금까지 연습을 통해 명상을 수행했어도 바로 시도하기에는 어려울 수 있다. 좀 더 쉽게 접근하기 위해 감사한 사람, 좋아하는 사람, 그리고 자기 자신에게로 자비의 범위를 넓혀가는 자비 명상을 소개하겠다.

나에게 친절한 마음을 보이기 어려운 이유는 자신의 잘못을 지적하고, 이거저거 고치라 조언하는 비판의 목소리가 뭔가를 할 때마다 들려오며, 실패라도 하게 되면 비난을 퍼붓기 때문이다. 아무리 강인한 사람이라 해도 괴롭고, 힘든 상황에 있을 때 따가운 질책을 들으면 마음이 무너져 내린다.

우리에게는 자신의 나쁜 점도 좋은 점도 모두 파악하고 스스로를 격려하면서 최선의 방법을 찾도록 도와줄 만한 사려 깊음과 따뜻함을 겸비한 자비로운 인물이 필요하다고 줄곧 이야기했다. 그리고 우리는 친구에게는 쉽사리 그러한 자비를 품은 인물이 되어 준다는 것도 설명했다. 여기서 다시 한 번 자신을 그 친구로 바꿔 놓는 방법을 순서에 따라 차근차근 시도해 보자. 먼저 자기 자신의 이중성을 실감해 본다.

힘들어하고 괴로워하는 내가 있고, 그런 나에게 자비를 품은 나 자신이 '행복하기를', '고민과 괴로움이 사라지기를'이라고 빌어주며 감싸 안는 이미지를 그려보자. 자기 비판적이고 외롭고 부정적 감정으로 머리가 복잡한 나와 자비심을 품은 나, 두 명의 나를 상상해 본다. '나를 안아주다' 연습(19쪽)과 구성은 같다.

그럼 우선 다음 연습에서 나에게 필요한 말과 문구를 찾아보자.

 나를 위한 자비 명상

① 메모가 가능한 종이와 필기도구를 준비한다.

② 눈을 감고 따뜻하고 안도감을 느낄 수 있는 신체 부위에 손을 댄다.

　나를 안아주어도 좋다.

③ 2~3회 깊이 호흡한다. 크게 한숨을 쉬듯 '하' 하고 숨을 내뱉

는다.

④ 나에게 정말로 필요한 것이 무엇인지 그려본다. 가능한 많은 것을 떠올린다.

⑤ 눈을 뜨고 떠오른 것을 쓰기 시작한다.

⑥ 다시 눈을 감고 가슴에 손을 댄다.

⑦ 다음은 자기 자신의 고민이나 괴로움에 대해 친구에게 묻고 싶은 말, 듣고 싶은 말을 찾아본다.

당신이 미소 짓거나 고맙다고 할 만한 말이 떠올랐는가?

⑧ 몇 개여도 상관없으니 떠올랐다면 눈을 뜨고 적어본다.

⑨ 그럼 적어 놓은 '필요한 것'과 '듣고 싶은 말'을 문구로 바꿔보자.

○ 필요한 것 예

• 직장 내 원만한 인간관계

　→ '내가 친절하게 사람들에게 다가갈 수 있기를'

• 스트레스를 견디는 힘

　→ '내가 인내력을 길러낼 수 있기를'

○ 듣고 싶은 말 예

• "항상 네 곁에 있을게"

→ '내가 친한 사람과 가까이 있기를'
- "그렇게 애쓰지 않아도 괜찮아."
  → '내가 무리하지 않고 일할 수 있기를'

⑩ ⑨에서 자신이 마음에 드는 문구를 네 개 정도 고른다.
  이후에 실시할 자비 명상에서 이 네 개의 문구를 활용할 예
  정이니, 마음에 새겨 두도록 하자. 명상할 준비가 되었다면
  다음 명상을 이어간다.

⑪ 자비를 가진 내가 감사한 사람, 좋아하는 사람이나 친한 사
  람 순으로 자비의 말을 건넨 다음 이어서 나를 위한 자비 명
  상을 수행한다.

⑫ 먼저 감사한 사람, 좋아하는 사람, 친한 사람을 위한 자비
  명상을 수행한다.

끝났다면 마음속의 따뜻하고 너그러운 기분을 유지하며 감사
한 사람이나 좋아하는 친구의 이미지를 살포시 내려놓고 그 기
분을 모쪼록 당신 자신에게 향하도록 한다.

당신이 행한 선한 일, 당신의 좋은 성격, 행복해지고 싶은 기분
을 떠올려보자. 누구나 행복하고 싶은 공통의 소원이 있다. 당
신도 똑같이 생각하고 있을 것이다.

오늘 내 마음은 명상

이제부터 당신 자신이 스스로에게 친한 친구가 되어준다. 당신이 감사한 사람이나 친한 사람에게 베푼 친절과 배려를 당신자신에게도 베푼다. 소리 내지 않고 문구를 반복하여 자신을자비의 마음으로 감싸 안아보자.

가슴에 손을 얹는 등 안도감을 주는 신체 부위를 쓰다듬으며실천해도 좋다.

여기서는 대표적인 문구를 적어 두었지만, 자신이 생각한 것을사용해도 상관없다.

'내가 안전하기를'

'내가 행복하기를'

'내가 건강하기를'

'내가 평온한 삶을 누리기를'

나에 대해 너그러워지지 않고, 내가 무가치하다는 느낌이 들고, 나를 사랑하는 마음이 생기지 않았다고 해도, 그것은 틀린생각이 아니다. 자연스럽게 호흡하며 솟아오르는 감정을 좋다,나쁘다 판단하지 않고 그저 관찰하고 호기심을 가지고 받아들인다. 그리고 다시 문구의 반복한다.

몇 번 정도 문구를 반복해 보고 그때 솟아오르는 감정이나 사고, 감각을 마음에 담아둔다. 그러고 나서 당신 자신의 이미지를 천천히 놓아준다.

어떠했는가? 만약 고민하는 내가 마음을 열었다면 이야기를 들어주고 친절한 문구를 말해주도록 하자.

간혹 자비로운 자기 자신이 사라져버려 '아무것도 느껴지지 않아', '바보 같아', '행복해질 수 없어' 등 비판적인 자신의 목소리에 마음을 빼앗길 수도 있다. 혼란스러울 때는 호흡 명상이나 감사한 사람을 위한 명상으로 되돌아가 안정을 찾은 다음, 다시 나를 위한 자비 명상으로 돌아가도록 하자. 불쾌한 상태로 끝내는 것은 되도록 피한다.

첫 명상을 통해 괴로워하던 자신이 온화한 기분으로 바뀌었다 해도 다음에도 잘 되리란 보장은 없디. 다시 비판적인 자기 자신이 부정적인 말을 던질 수도 있다. 때로는 말이 아니라 신체의 고통이나 졸음과 같은 형태로 나타나기도 한다. 그런 불쾌감을 느꼈다면 자신에게 자비의 문구를 외쳐본다. 이 방법은 조심스럽게 시작할 필요가 있어 '스스로를 비판하는 자신에게 말을 걸다(148쪽)'에서 설명하겠다.

문구에 현실감이 없어서 문구에서 아무것도 느껴지지 않을 수도 있다. 감사한 사람을 위한 자비 명상(111쪽)에서도 그랬듯이 자비로운 마음의 크기는 그때그때 다르다.

아무런 느낌이 없더라도 느긋한 마음으로 '지금 나는 행복한가?', '괴로워서 그만하고 싶은 걸까?' 등 질문을 던져 자신이 행복을 비는 의미를 살피면서 명상을 진행하도록 하자.

다만, 기분이 가라앉았을 때는 명상을 해도 자비의 마음이 좀처럼 느껴지지 않을지도 모른다. 그럴 때는 '자비를 품은 이상적인 인물(129쪽)'의 이미지 연습에 들어가길 바란다.

이 인물의 너그러움을 오감으로 느낀다면 괴로울 때나 슬플 때도 자비의 마음으로 자신을 감싸 안아줄 수 있다.

 ## 자비로운 자기 자신의 이미지 연습

먼저 자비, 배려, 친절(조건 없는 애정=컴패션)이 느껴지는 물건이나 인물을 떠올려보자. 느낀 그대로 머릿속으로 그려본다.

시각

눈으로 봤을 때 자비나 배려, 친절이 느껴지는 물건이나 인물을 떠올려본다.

그 사람은 젊어 보이는가, 나이 들어 보이는가?

남성인가, 여성인가?

또 어떤 색인가?

동물이어도, 바다나 빛의 이미지여도 상관없다.

청각

자비나 배려, 친절을 느낄 수 있는 소리에는 어떤 것이 있는가?

어떤 음색을 띠고 있는가?

새가 지저귀는 소리인가?

바닷소리일지도 모른다.

촉각

스쳤을 때 자비나 배려, 친절이 느껴지는 것을 그려보자.

미각

맛보았을 때 자비나 배려, 친절이 느껴지는 것을 그려보자.

후각

냄새를 맡았을 때 자비나 배려, 친절이 느껴지는 것을 그려보자.

오감을 동원해 자비나 배려, 친절이 느껴지는 것을 찾아보자. 이것을 기억해두면 언제라도 떠올려서 이를 불씨 삼아 컴패션을 느낄 수 있다.

○ 자비를 품은 이상적인 인물을 그리다

① 자세를 정돈하고 눈을 감고 호흡 명상부터 시작한다.

호흡이 안정될 때까지 기다린다.

숨을 들이마시며 미소 짓고, 숨을 내쉬며 잡념을 내려놓는다.

안도감을 주는 신체 부위에 손을 대고 실천해도 좋다.

② 명상 준비가 되었다면 오감을 모두 동원하여 당신이 자비, 배려, 친절을 느끼는 이상적인 인물(이하, '이상적인 인물')을 가급적 상세하게 그려보자.

친구, 배우자, 할아버지, 할머니, 아버지, 어머니, 은사 등 아는 사람, 영화나 만화에 나온 인물, 역사 속 인물, 그 누구라도 괜찮다. 실존 인물을 상상하고 난 다음, '이상적인 인물'을 이미지화해도 좋다.

그 인물의 표정을 그려볼 수 있는가?

또 그 사람이 입고 있는 옷 색깔이나 피부색, 음색, 스쳤을 때의 감촉, 냄새를 알아차릴 수 있는가? 오감을 동원하여 느껴보자.

인물을 떠올리는 것이 두려운 사람은 동물, 자연 풍경, 바다, 산, 하늘 등을 떠올려도 좋다. 그때도 오감을 동원한다.

③ 그 사람이 가진 자비, 배려, 친절의 색이 심장 쪽으로 흘러 가슴이나 몸으로 퍼져나가는 이미지를 그려본다.

따뜻함이 느껴졌다면 천천히 음미한다.

이미지는 어떤 것이어도 좋고 계속 바뀌어도 상관없다.

④ 이미지가 잘 떠오르지 않을 때도 있을 텐데, 괜찮다.

그럴 때는 조금만 떠올려도 괜찮다. 그 감각을 음미한다.

⑤ '이상적인 인물'이 그려졌다면 다음 단계로 나아간다.

○ '이상적인 인물'의 목소리를 듣다

① '이상적인 인물'이 당신에게 차분하고 부드러운 목소리로 말을 거는 모습을 상상하자.

그 인물은 수많은 일을 꿰뚫고 있고 당신을 이해해 준다.

강인하고 안정되어 있고 당신의 행복을 진심으로 바란다.

그 인물의 이야기를 듣고 있으면, 내가 소중한 사람이고 이해받고 있다는 느낌이 든다.

당신의 약점과 콤플렉스, 불안과 분노 등의 감정을 알아주고 수용해 준다.

당신이 어렵다고 생각하는 일을 꼭 해야만 할 때 곁을 지켜

준다. 지금 현재 정말로 그런 사람이 있는지 아닌지는 중요하지 않다.

이미지로 상상해 본다.

② 그 사람이 곁에 있다는 느낌이 들고 목소리가 들렸는가? 오감을 불씨 삼아 이미지를 그려보도록 하자.

○ 괴로운 일, 힘든 일을 말하다

① 자기비판의 경험을 떠올려 보자.

그 당시의 내 모습을 촬영한 영상을 보듯이 제삼자로서 나 자신이 곤란해하는 모습을 관찰한다.

만약 불안이나 슬픔이 느껴지면 호흡 명상으로 돌아가 나쁜 이미지를 지운 뒤 평온해진 다음 '이상적인 인물'을 그려 본다.

② 그 인물이 내 옆에서 같이 영상을 보는 모습을 머릿속에서 그려보자.

그 인물은 당신의 감정을 알아주고 당신의 일을 격려하고 깊이 생각해주고 당신의 가치를 인정해 준다.

풀이 죽은 당신을 살피고 당신의 생각, 감정을 이해해 준다.

그 인물은 어떤 말과 행동으로 자비, 배려, 친절을 당신에게 전했는가?

이미지가 그려졌다면 그 커다란 친절을 느껴보자.

③ 자신을 비판하는 생각이 강해진다면 '그것을 생각하는 나'
에게서 거리를 두고 그 영상을 바라보는 자기 자신이 되어
보자.

당신 곁에는 '이상적인 인물'이 있다.

④ 호흡 명상으로 되돌아가 잠시 호흡하다가 눈을 뜨고 이 연
습을 마친다.

'이상적인 인물'을 이미지로 그려낸 뒤 기분이 어떠했는가?
오감을 동원하면 자비를 가진 인물을 그려내기 쉬울지도 모른
다. 자신에게 필요한 말을 혼자서 알아내려 하기보다 다른 인
물이 말을 걸어준다는 느낌으로 찾는 편이 수월할 수도 있다.
완전히 제삼자로서 자신의 곤란해하는 모습을 바라보며, 그 자
신의 곁에 함께해 준 더할 나위 없이 너그러운 인물이 말을 걸
어주었을 때의 감각을 마음에 담아두자. 어쩌면 치유나 감사와
같은 마음이 생길 수도 있다. 그것을 음미함으로써 불안이나
공포, 슬픔을 받아들일 토양이 만들어진다.

─────────────────────────────

이미지력은 반복해서 실천하면 익숙해진다. 씻을 때나 하루

의 시작, 대기 시간 등에 '이상적인 인물'을 이미지화하는 연습을 해보자. 이미지의 질을 높이기 위해 모든 오감을 동원해 연습해 보도록 하자.

장수의 비결 셀프 컴패션

자비 명상의 효과는 프레드릭슨 박사 연구팀에 의해 자세히 조사된 바 있다.

연구팀은 8주간의 자비 명상 프로그램으로 인해 시간이 지날수록 참가자의 긍정 정서가 증가함을 확인했고, 인생의 목적이 뚜렷해지고 병의 증상이 개선되며 인생의 만족도가 향상되는 효과를 증명했다. 이 밖에도 스트레스에 대한 면역 반응을 조사한 연구에서는 명상의 횟수가 증가할수록 면역력이 좋아진 것으로 드러났다.

염색체의 끝부분에 있는 텔로미어telomere의 길이를 효과의 지표로 다룬 연구도 있다. 텔로미어는 세포 분열을 할 때마다 길이가 짧아지는 성질이 있어서 나이가 들면서 그 길이가 줄어든다. 반대로 텔로미어의 길이가 길면 세포가 오래 살 수 있다는 것을 의미한다.

마인드풀니스 명상과 자비 명상으로 효과를 검토한 결과, 긍정 정서를 높이는 효과는 동일했으나 텔로미어의 길이는 자비 명상을 실천한 그룹 쪽이 더 길었다. 이 연구는 컴패션이 불러온 평온이나 치유가 세포의 장수에 도움이 될 가능성을 염색체 단위에서 보여준 셈이다.

셀프 컴패션 사고로
행복을 찾다

'자비를 품은 이상적인 인물'의 말을 들었을 때 어떤 기분이 들었는가? 그 말은 당신 자신에게서 비롯된 말이다. 상처 입은 자기 자신을 받아들이고 치유하는 힘은 당신 내부에 이미 잠재해 있었다. 그 힘이 바로 '컴패션=자비'이다.

다음 단계에서는 '이상적인 인물'의 성질이 자기 자신에게도 있다고 이미지화하고 자비를 품은 자신에게서 어떤 말을 들을 수 있을지 시도해 본다. 그럼 셀프 컴패션 사고思考에 의한 치유를 체험해 보자. 셀프 컴패션 사고의 포인트는 다음 다섯 항목이다.

① 감정을 받아들인다……"그런 생각을 했구나."
② 그렇게 된 이유를 이해한다……"엄마가 너무 엄격했어."

③ 나를 인정한다……"애썼어.", "할 만큼 했어."

④ 나의 강점에 주목한다……"여태껏 버텨낸 힘과 용기가 있
어."

⑤ 긍정적인 마음……"이번 일로 많은 걸 배웠어.", "예전에
해본 적 있으니 이번에도 잘할 거야."

포인트별로 자비롭고 배려가 있고 친절한 이상적인 나라면
어떤 말을 건넬지 다음 사례에서 생각해 보자.

전국 웅변대회에서 좌절한 C

• • •

대학 웅변 동아리 부원인 C는 D와 함께 전국 대회 출전을 노
리고 있다. 이번 학내 예선에서는 D가 대표로 선발되었고 C는
2위였다. 그런데 D가 대회를 며칠 앞두고 건강 문제로 사퇴하
면서 C에게 출전 기회가 돌아왔다. 자신은 없었지만 친구와 가
족의 지지에 힘입어 대회에 나가기로 했다.

대회 당일, 감기 기운 탓에 최상의 컨디션이 아니어서 불안했
다. 막상 본 대회에서 청중을 눈앞에 두자 가슴이 요동치고 너
무 떨려서 스피치에서 몇 번이나 버벅거렸다. 두 번, 세 번 강조

해야 하는 부분을 깡그리 잊어버려서 '망했어. 탈락이야'라는 생각이 들었다. 결과는 20명 중 10위. 이제까지의 노력을 생각하니 실망스러웠고, 응원해 준 사람들을 볼 면목이 없어 부끄러웠다.

대회가 끝나고 선생님에게 고쳐야 할 부분을 지적당해 울적했지만, 친구는 "잘했어. 열심히 했잖아."라고 말해주었다. 눈물이 날 것 같았으나 미안한 마음에 꾹 참고 "응 고마워."라고 답했다.

며칠이 지나도 중요한 부분에서 실패한 자신의 한심함에 화가 나고 짜증이 치밀었다. 심지어 '이럴 줄 알았으면 D가 나가는 건데'라는 생각이 들어 출전 후보였던 친구가 괜히 미워지기까지 했다. 여전히 분이 풀리지 않았고 의욕도 없었다.

이제 자비를 품은 입장에서 C의 자기 비판적인 생각에 대해 컴패션이 넘치는 사고로는 어떻게 표현할지 심상해 보자. 오른쪽 표는 C가 자비를 품은 자기 자신으로서 스스로에게 전하는 말의 예이다. C는 이 연습을 통해 혼란스러웠던 자신의 감정을 받아들이고 초조했던 마음도 가라앉아 긍정적인 기분이 되었다. 엄격했던 부모의 말이 자신의 내면에서 계속 맴돌았음을 알아차리고 그 말에 거리를 두자 자신에게 친절한 말을 건넬 수 있었다.

오늘 내 마음은 명상

C의 자기 비판적인 생각	셀프 컴패션이 넘치는 생각
내가 실패해서 모두가 실망했어. 스피치에 재능이 없다고 생각하는 눈치이고 나도 이제 자신이 없어.	모두가 인정해 주면 안심이 되니까 그렇게 생각하는 것도 무리는 아냐. 이제까지 가족이나 친구가 인정해 주지 않으면 불안해 했잖아. 선생님은 너를 꾸짖었어도 친구들은 따뜻한 말을 건네며 꼭 해야 할 말은 거의 다 발표했다고 알려줬어. 이번에는 대회 직전까지 빠듯하게 준비한 탓에 컨디션이 나빠져서 대회에서 중요한 몇 가지를 빼먹었지. 몸이 안 좋으면 누구나 그런 실수는 할 수 있어. 다음에는 무리하지 않고 컨디션 조절 잘하면 문제없을 거야.
해 봤는데 실패했으니 쓸모없는 인간이야.	이런 식으로 생각하는 것도 이해는 가. 부모님은 너에게 "쓸모없어."라는 말을 자주 했으니까, 바로 머릿속에 그 생각이 떠올랐겠지. 근데 그건 진실이 아니야. 시도만으로도 무척 귀중한 경험이야. 너에게는 용기와 인내심이 있어. 이제껏 그렇게 목표를 달성했잖아.
엄격했던 부모님이 "도대체 어쩔 셈이니? 못할 거라고 얘기했잖니."라고 말하던 모습이 눈에 선하다.	이런 장면이 떠오르면 마음이 괴로워져. 하지만 이제 어른이니까 네가 어떻게든 할 수 있어. 어릴 적 일로 나를 상처 입힐 필요는 없어. 지금은 내가 신뢰하는 사람을 떠올릴 수 있고 스스로를 안아줄 수도 있어. 이런 일은 누구에게나 있는 거야. 그러니까 응원해준 사람들도 분명 이해해줄 거야. 정말로 잘했어.

C의 자기 비판적인 생각과 컴패션이 넘치는 생각

부모와 자식 사이, 인간관계에서 받은 과거의 상처는 이렇듯 스르르 풀어지기도 하지만, 시간을 들여 차분히 컴패션을 실천 해야 하는 케이스도 있다.

다음 단계는 자신의 비판적인 생각에 대해 자비로운 자기 자 신에게서 친절한 말을 전해 듣는 연습이다. 매우 자비롭고 배려가 있으며 친절한 이상적인 자기 자신(이하, '이상적인 자신')을 이미지로 그려보고 포인트별로 어떤 말을 걸어야 할지 시도해 보자.

셀프 컴패션 사고

① 자세를 정돈하고 눈을 감고서 호흡 명상부터 시작한다. 호흡이 안정될 때까지 기다린다. 숨을 들이마시며 미소 짓고, 숨을 내쉬며 생각을 내려놓는다. 안도감을 느끼는 신체 부위에 손을 대고 실천해도 좋다.

② 준비가 끝났다면 오감을 모두 동원하여 '이상적인 자신'을 되도록 상세하게 이미지화한다.

　　배려가 있는 이상적인 인물(자신을 성장시킨 인물)이 갖는 특징을 자기 자신이 가졌다고 상상해 보자. 당신 자신이 강하고 자상하고 따뜻한 인물이라고 상상한다. 당신 자신이 자신의 감정을 이해하고 자신을 사랑하며 가치를 인정하는 사람이 된다. 그 역할을 연기하는 것이다. 나이나 외모는 자유롭게 상상해도 좋다.

③ 오감의 변화를 느껴본다. 실제로 미소를 띠어 '자애로운 표

정'을 지어보고 자기 자신이 차분히 부드럽게 말하는 이미지를 그리며 커다란 친절을 나에게 보낸다.

만약 불안이나 슬픔을 느꼈다면 호흡 명상으로 돌아가 나쁜 이미지를 지우고 안정을 되찾은 다음 '배려가 있는 이상적인 자신'을 이미지로 그린다.

④ 여기까지 그려졌다면 다음 단계로 나아간다.

⑤ 자기비판으로 위축된 자신을 이미지화한다.

몇 개의 감정에 이름을 붙이고 받아들여 나간다.

⑥ 위축된 자신에게 '이상적인 자신'이 천천히 친절하게 배려하며 말을 건넨다. 당신의 생각, 감정을 알아준다. 불안, 우울, 분노 등 각각의 감정에 배려심이 깃든 생각을 말해준다.

⑦ 친절이나 위로를 느낄 수 있도록 자신을 만져보아도 좋다. 토닥토닥해 보고, 쓰다듬어도 보고, 안아보기도 한다.

⑧ '이상적인 나'는 어떤 말로 당신에게 배려와 친절을 전하려고 할까?

⑨ 그 말 하나하나에 주의 깊게 귀 기울여보자. 그리고 오감의 변화를 알아차린다. 어떤 감각이어도 좋으니 살포시 마음에 담아둔다.

⑩ 자기비판으로 힘들었던 자신이 충분히 치유되었다는 느낌이 들면 마지막으로 꽉 안아주고 '다음에 또 보자' 말하며

인사한다.

⑪ 천천히 눈을 뜨고 이 연습을 마친다.

어떠했는가? 사고의 과정을 좇고 각자에게 컴패션을 보냄
으로써 이제까지의 연습과 다른 관점을 얻었을지도 모른다.

배려가 깃든 생각이 떠올랐을 때, 적어 두면 다음에 또 비슷
한 일로 힘들 때 쓸모가 있다. 그런 의미에서 자기 자신에게 편
지를 써 두면 언제든 다시 읽어 볼 수 있다. 게다가 편지를 쓰면
서 보다 깊은 자기 이해를 얻기도 한다.

나에게 배려의
편지를 쓰다

여기서는 '자비를 품은 이상적인 자기 자신'이 상처 입고 힘들어하는 나에게 편지를 쓰는 연습을 해보겠다. 무조건적으로 사랑해 주고 수용해 줄 것 같은 친절하고 배려심 있는 자신, 또는 다른 인물을 상상해 보자.(상상 속의 인물을 머릿속으로 이미지화하자.)

당신이 가진 강점과 약점(자기비판 했던 부분)을 전부 이해해 줄 것 같은 인물을 상상하고 그 인물이 당신에 대해 어떻게 느낄지 생각해 본다. 당신이 있는 그대로의 당신을(지극히 인간적이고 불완전한 자기 자신일지라도) 얼마나 사랑하는지, 얼마나 받아들이는지 곰곰이 생각해 보자.

그 인물은 당신의 한계를 이해하고 당신에게 친절하며 당신을 허용한다.

그 인물은 지혜로워서 당신 인생의 자취와 인생에서 일어난 수많은 일이 지금 현재의 당신 자신을 만들어내기 위해 필요했다는 점을 이해한다.

당신이 생각하는 자신의 좋지 않은 점은 당신 혼자서는 어찌할 도리가 없는 일이거나 선택의 여지가 없는 일이다. 당신의 유전자, 가정사, 양육 환경 등 인생에서 일어나는 일의 대부분은 당신 자신이 통제할 수 없다.

셀프 명상 13 컴패션 레터

이제 앞에서 상상한 '이상적인 나(인물)'의 입장에서, 자기 자신의 쓸모없고 부족한 점에 대해 당신 자신에게 편지를 써보자. 무조건적인 배려를 가진 인물은 당신의 '결점'에 대해서 뭐라고 말할까? 그 인물은 당신이 특히 자기 자신을 혹독하게 비판해서 마음의 상처를 입었을 때, 사려 깊은 배려심을 어떻게 전달할까?

그 인물은 당신이 강점도 약점도 지닌 흔히 볼 수 있는 인간이라는 사실을 어떤 식으로 표현할까?

그 인물은 당신이 비판적으로 생각하는 점과 당신의 배경에 있는 여러 가지 사정(가정사, 문화 등)을 어떤 식으로 연관 지을까?

만약 그 인물이 당신에게 조언한다면 어떤 단어를 쓸까? 그 인물의 관점에서 편지를 쓸 때는 그 인물이 당신을 수용하고 있고, 친절하며 배려 있는 마음으로 당신의 몸과 마음의 행복을 바란다는 점을 편지에서 확실히 표현해 보자.

여기서 편지의 예를 소개하겠다.

직장 상사에게 업무 실수를
질책당했을 때의 컴패션 레터

· · ·

✉ **사랑하는 나에게**

오늘 기분 많이 안 좋았지? 회사에서 그런 일을 겪다니 너무 속상하겠다. 한다고 했는데 잘못했다고 안 좋은 소리 들으면 정말 힘이 쭉 빠지잖아. 네가 '이회사 관둘래'라고 생각하는 마음도 충분히 이해는 가.

엄청 심하게 깨졌으니 그 상사와의 관계도 그렇고 앞으로의 일도 걱정스럽겠지. 맞아. 누구라도 그런 기분이 들 거야. 애초에 완벽한 인간은 없어. 알면서도 기대에 부응해 보겠다고 노력하는데 그러다 망하면 정말 맥이 탁 풀리잖아. 너는 어릴 때부터 그런 성격이었어. 엄마가 100점이 아니면 안 된다고 말하는 사람이기도 했고 생각해 보면 그래서 잘한 점도 많아. 지금까지 참 열심히 했어. 지금 혹시 '실패하다니 난 끝장이야'라고 생각하고 있는 건 아니겠지? 근데 정말로 그럴까? 사실 상사가 너를 진짜 '능력 부족'이라고 생각하는지 어떤지는 알 수 없어. 그러니 상사랑 이야기도 해보고, 너와 비슷한 실수를 저지른 사람이 정말 다른 기회를 못 잡았는지 확인해 보자. 하려면 할 수 있는 건 많아.

그렇게까지 심하게 화내지 않아도 됐을 텐데. 그 누구도 사람들 앞에서 모욕할 권리는 없잖아. 너는 더군다나 할 만큼 했고 상사에게 왜 화가 나는지 잘 알 것 같아. 안 좋은 점만 후벼파고 좋은 점은 보려고도 하지 않더라고. 그냥 그런 사람인 거야. 근데 왜 그렇게 화를 냈을까? 혹시 상사는 네 일을 잘 수습해 주려고 말을 꺼낸 건 아닐까. 그게 아니더라도 지적당한 부분들 다음에 반영할 수 있을 거야.

지금까지 비슷한 일들 어떻게든 잘 헤쳐나갔잖아. 너는 그만큼의 능력과 용기가 있어. 그러니까 이번에도 잘 넘길 수 있을 거야.

편지를 읽어보니 어떤 기분이 들었는가? 그 감정을 음미해 보자.

그러면 이제 직접 편지를 써보자. 이제까지 자비로운 자기 자신을 연습한 당신이라면 예문처럼 애정이 넘치는 편지를 쓸 수

오늘 내 마음은 명상

있을 것이다. 다음 포인트를 읽고 시도해 보자.

① 편지지를 준비한다.

② 자비로운 자기 자신을 이미지화한다.

③ 자기비판으로 괴로워하는 자기 자신에게 자신의 감정을
받아들이고 다른 사람도 똑같이 괴로워한다는 점을 전달
하며 따스한 말을 건넨다.

④ 편지지를 가득 채울 필요는 없다. 쓰다가 도중에 그만두
어도 괜찮다. 다 쓰고 나면 다시 읽어보고 일어나는 감각
을 알아차리고 음미해 보자.

⑤ 편지는 몇 번이라도 다시 읽을 수 있다. 다시 쓰는 것도
가능하고 받는 이 입장에서 답장도 가능하다. 이러한 교
환도 컴패션을 높이는 일이다. 즐겁게 임하기를 바란다.

스스로를 비판하는
자신에게 말을 걸다

분노나 불안, 슬픔의 배경에는 자신의 경험을 비판하는 사고가 존재한다. 비판의 목소리는 자신의 약점을 공격하기 때문에 두려운 대상이다.

이 두려운 마음은 매우 자연스럽게 발생한다. 그래서 아무리 도망치려 해봤자 뒤쫓기기만 할 뿐이다.

어기서는 비난의 목소리에 귀를 기울이고 그런 말을 하는 비판적인 나를 이해하는 연습을 하겠다. 이 연습으로 인해 꽤 불쾌한 감정이 일어날 수도 있다. 이제까지 연습에서 친절이나 따스함보다 모진 말과 냉정한 마음이 느껴져 집중하기 어려웠다면 시도해 보면 좋을 것이다. 하고 싶지 않다는 생각이 들면 그 시점에 그만두어도 괜찮다.

그럴 때는 감사한 사람을 위한 자비 명상(111쪽)을 시도하는 등

오늘 내 마음은 명상

의 방법을 통해 불쾌한 기분인 채로 끝내지 않는 것이 요령이다.

(셀프 명상 14) 스스로를 비판하는 자신에게 말을 걸다

① 자비로운 자기 자신의 이미지 연습(127쪽)과 같은 방법으로 자비로운 나 자신을 이미지로 그려본다.

② ①의 입장에서 실패한 자신을 비판하는 자신의 목소리를 듣는다. 눈앞에 비판적인 자신을 앉히고 무엇을 바꾸고 싶은지 어디가 잘못된 건지 의견을 들어본다.

목소리의 톤이나 크기, 말하는 속도를 알아차린다. 그리고 어떤 기분으로 비판적인 말을 하는지 상상해 본다.

③ 비판적인 자신은 친절한 마음을 보이면 완강히 거부하며 입을 꾹 닫기도 한다. 살포시 안아만 줘도 좋고 행복을 빌어 줘도 좋다.

'내가 마음을 열고 내 마음을 표현할 수 있기를'

④ 또 다른 나, 눈앞에 실패하고 상처 입은 내가 있다.

어떤 모습으로 괴로워하고 있는가? 얼마나 상처 입었는가?

떠오르는 감정에 이름을 붙여 받아들이고 친절하게 말을

걸어주자.

'내 마음의 상처가 치유되기를'

⑤ 비판하는 자신이 왜 잘못만 지적하고 가혹한 말을 던지는 지, 그 입장에 서서 상상해 본다. 자비로운 자신은 비판하는 나에 대해 이해하고 행복을 빌어주는 존재이다.

⑥ 만약 비판적인 자신이 자신을 위해서 뭔가를 말해준다면 그때 떠오르는 기분을 전해보자.

'그랬구나, 이제까지 열심히 해줘서 고마워', '앞으로는 네 기분도 들려줬으면 좋겠어', '함께 우리 자신을 응원해보면 어떨까?'와 같은 말이 나올지도 모른다.

⑦ 이번에는 비판적인 자신의 입장에 서서 그 말을 하나하나 진심으로 들어준다. 그리고 오감의 변화를 알아차린다. 어떤 감각이라도 좋으니 차분히 마음에 새겨두자.

⑧ 비판적인 자신은 과거에 상처받았던 경험이 다시 반복될까 봐 겁을 내기도 한다. 그 당시의(어쩌면 어린 시절) 나를 불러내 미소 지으며 이렇게 말해주자.

'여태까지 잘 돌봐주지 못해서 미안해. 이제 괜찮아. 앞으로 는 계속 곁을 지킬게. 힘든 일, 슬픈 일, 전부 얘기하렴'

그 아이가 이야기하도록, 자신을 표현하게 만들자.

⑨ 이번에는 어린 시절 나의 입장에 서서 그 말을 하나하나 성

오늘 내 마음은 명상

심성의껏 들어준다.

그리고 오감의 변화를 알아차린다. 어떤 감각이라도 좋으니 너그럽게 마음에 담아두자.

⑩ 비판적인 자신, 겁에 질린 어린 시절의 나, 비판받아 상처 입은 자신의 이야기를 서로서로 들어준다.

충분히 들었다는 생각이 들면 마지막으로 모두를 꽉 안아주며 '또 보자. 항상 옆에 있을게' 인사한다.

⑪ 천천히 눈을 뜬 뒤, 연습을 마친다.

여러 입장의 자신을 만나 그들의 말을 주의 깊게 배려하며 들었을 때, 어떤 감정이나 사고, 감각이 일어났는가?

서로 다른 입장에서 느끼는 감정과 사고, 감각이 조금은 이해가 가지 않았는가?

명상 중에 다른 역할을 체험하면서 자기 자신을 바꿔나가는 이 방법은 빈 의자 기법이라 불리는 방법에서 유래한다. 심리학에서 자주 사용되는 기법으로 죄책감을 치유하는 효과가 있다고 알려져 있다.

방석이나 쿠션에 앉는 이미지로 해도 괜찮다. 내 앞에 두 개

혹은 세 개의 방석을 두고 명상을 하면 머릿속으로 그려내기 쉽다. 글이 쓰고 싶어진다면 비판적인 나와 어린 시절의 나에게 편지를 써보는 것도 좋다.

과거에 얽매여 우울한 E

• • •

E는 과거의 실패나 불행했던 일을 자꾸 떠올려 원망과 반성을 반복하다 보니 기분이 자주 침울해져서 고민이다. 셀프 컴패션 연습을 해본들 타인에게는 너그러움을 보낼 수 있었지만, 막상 자신에게는 냉담해져 아무것도 상상할 수 없었다. 명상을 하면서 '행복해질 수 없어. 그럴 가치가 없어', '나에게 친절함이 필요할까. 성격에 맞지 않는 건 아닐까' 이런 생각들로 머릿속이 꽉 차 기계적으로 문구만 반복하다가 잠들곤 했다.

그래서 E는 '행복해질 수 없다'고 말하는 비판적인 자신의 이야기를 들어보기로 했다. 처음에는 자비를 품은 자신의 이미지가 떠오르지 않아서 친구의 이미지를 빌려 비판적인 자기 자신의 이야기를 들어보았다.

'왜 행복해질 수 없다는 거야?', '누구에게나 친절함이 필요한데 나에게는 필요 없다니 어떤 의미지?' 질문을 던져보았다.

처음에는 비판적인 자신이 '시끄러워!'라는 말만 남기고 침묵했지만, 이윽고 '쓸모없는 인간이라서', '쭉 그런 말을 들어왔으니까', '아무도 날 소중히 여기지 않았어'라며 분노하고 있음을 알아차렸다. 그때 E는 깨달았다. 어린 시절 받았던 부모의 엄격한 양육 태도와 자신에게 너그러워질 수 없던 일이 연관되어 있었다.

누구나 내 안에 어린 시절의 나, 즉 '내면 아이inner child'가 있다. 어른이 되어도 상상 속에서 내면 아이가 말을 걸기도 한다.

E는 '어릴 때는 착한 아이라는 말을 들으려고 필사적이었어. 어쩌면 상처였을지도 몰라'라는 생각에 이르자, 내면 아이가 그려졌다. 호흡 명상을 하면서 내면 아이의 이야기를 차분히 들어주었다. 슬픈 이야기에서는 함께 눈시울이 붉어져 꽉 안아주었다.

E는 자신을 온전히 이해했다는 느낌에 마음이 평온해졌음을 알아차렸다. 이제까지 느끼지 못했던 나 스스로를 소중히 여겨야겠다는 마음도 알아차렸다.

E는 하루에도 몇 번씩 내면 아이에게 말을 걸어 그녀가 매일 쏟아내는 수많은 불평불만을 진심으로 들어주었다. 그러자 일상생활에서도 자신에게 친절하게 말을 걸게 되었고 평온한 나날이 이어졌다.

우울한 기분이나 불안의 기원을 더듬어보면 그 원인 중 하나가 부모와의 관계이다. 알게 모르게 나의 반응 방식에는 부모 자식 관계가 투영되어 있다. E의 경우 자신의 엄격한 목소리는 엄마의 목소리이기도 했다.

듣기 싫은 소리를 하고, 험악한 표정을 짓고, 무시하고, 고함치고, 술을 마시는 등의 나쁜 일이 발생했을 때 반응하는 방식은 부모님이 보여주었던 행동과 말 그 자체이다. 특히 자신이 좋지 않다고 생각하면서도 그만두지 못하는 반응은 부모의 영향일 확률이 높다.

자신의 반응 방식은 명상으로 통찰할 수 있으니 이 연습에서처럼 초조해하지 말고 차분히 내면 아이, 나의 이야기를 들어주자. 그렇게 하면 짜증이 치밀어도 반응하지 않고 지나갈 수 있다. 부모에게서 나에게로 대물림된 반응 방식을 버리고 내가 선택할 수 있다. 주변 사람이나 자신의 소중한 사람에게 화를 내지 않고 지낼 수 있다. 이 또한 셀프 컴패션의 효과이다.

오늘 내 마음은 명상

자비 명상
응용 편

주변에 아무런 감정을 품지 않은 상대는 누구에게나 있기 마련이다. 좋은 감정도 나쁜 감정도 없는 상대를 여기에서는 '낯선 사람'이라고 부른다.

낯선 사람도 당신과 마찬가지로 열심히 살아가고 있다. 기쁜 일이 있으면 웃고 슬픈 일이 있으면 울기도 한다.

우리는 평소에 낯선 사람에게 관심이 없다. 그렇지만 그 사람에게도 자비의 마음을 보낼 수 있다. 특히 자신이 외톨이라고 느낄 때, 낯선 사람들을 위한 자비 명상을 추천한다.

보스턴으로 연구 유학을 갔을 당시, 영어가 좀처럼 통하지 않아서 나만 홀로 떨어져 있는 느낌이었다. 일본에서 외롭다고 느끼면 연구실 사람에게 말을 걸거나 가족을 만났을 것이다. 보스턴에서는 대화를 이어가는 일 자체가 어려워서 일상적인 대화조차도 조금씩 멀리하던 때였다.

그래서 낯선 사람을 위한 명상을 실천했다. 외국이라 아는 사람이 거의 없으니 실천하기 적절한 환경이었다. 눈에 들어오는 사람들을 향해 '당신이 행복해지기를', '당신의 고민과 괴로움이 사라지기를'이라고 문구를 외쳤다. 대학 근처에는 학생이 많았는데 영어가 아닌 다른 나라 말소리를 듣고 유학생이 많다는 사실을 새삼 깨달았다. '의사소통이 잘 되기를', '무사히 졸업하기를' 이런 문구가 떠올라 그들을 위해 마음속으로 되뇌었다.

명상을 하다 보니 '모두 애쓰는구나. 웃는 사람도 있고 표정이 안 좋은 사람도 있어. 서둘러 가는 사람도 있고. 일본도 미국도 사는 건 다 똑같구나'라는 생각이 들었다. 신기하게도 연결되어 있다는 생각에 일체감이 느껴지기 시작했다. 외톨이라고 느꼈을 때는 주위 풍경 같은 건 보이지도 않았는데 그 순간 내 주변 풍경이 눈에 들어오기 시작했다. 나도 그들과 같은 선상에 있음을 알아차리자 시야가 넓어지고 일체감을 느끼게 되었다.

오늘 내 마음은 명상

낯선 사람을 위한 자비 명상

감사한 사람, 친한 사람, 나를 위한 자비 명상(122쪽)부터 시작한다.

그런 다음 좋은 감정도 나쁜 감정도 품지 않은 중성의 사람을 떠올린다. 오늘 밖에서 우연히 마주친 사람, 슈퍼마켓 직원, 쇼핑몰에서 스쳐 지나간 사람들을 떠올려 보자.

그 사람들도 당신처럼 어떤 목적을 갖고 밖을 걷거나 일했을 것이다. 낯선 사람을 자신과 다른 존재라고 느낄 이유는 없다.

감사한 사람이나 좋아하는 사람, 자기 자신이 행복을 바라는 것처럼 낯선 사람도 행복을 바라며 살아간다.

그렇다면 당신의 친절을 낯선 사람에게 보내도록 하자. 마음속으로 문구를 되뇌어 본다.

'당신이 안전하기를'

'당신이 행복하기를'

'당신이 건강하기를'

'당신이 평온한 삶을 누리기를'

하나의 문구를 한 호흡 사이클마다 천천히 친절하게 성의를 다해 되뇐다. 기쁜 마음이 크게 들지 않아도 걱정할 필요 없다.

아무런 감흥이 없을 때는 자신이 틀렸다는 생각이 들지도 모른다. 그래도 주의를 문구의 반복으로 되돌려 부드럽게 낯선 사람에게 전하는 이미지를 그려본다. 그리고 그 순간 일어나는 감정을 받아들인다.

몸이 아프거나 지루하다고 느껴지면 자신을 위한 자비 명상으로 되돌아간다.

명상을 마칠 준비가 되었다면 낯선 사람으로 그린 이미지를 조심스럽게 내려놓는다.

낯선 사람을 위한 자비 명상은 자신이 대다수 사람에게 무관심하다는 점, 그리고 그 사람들과의 공통성을 깨닫게 한다. 우리가 어려운 일이 생겨도 어떻게든 극복하고 다시 인생을 즐기게 된다는 것은 수많은 타인의 인생을 통해 깨달을 수 있다.

슈퍼마켓이나 은행이나 백화점에서 줄 서 있을 때, 버스나 전철이나 비행기에 타고 있을 때, 운동할 때나 밖에서 걷고 있을 때, 텔레비전으로 스포츠를 보거나 이벤트에 참가할 때 눈에 들어오는 사람들 모두가 낯선 사람이다. 일상에서 기회가 된다면 그 사람을 위한 자비 명상을 시도해 보자. 인간의 보편성을 더욱 깊이 실감하게 되어 고독감에서 해방될 수 있다.

셀프 명상 16 ｜ 걷기 자비 명상

낯선 사람을 위한 자비 명상을 체험했다면, 이번에는 밖으로 나가 걷기 자비 명상을 실천해 보자.

처음에는 '내가 행복하기를' 하고 자기 자신에게 자비를 보이며 자신을 문구로 에워싼 뒤, 천천히 오른쪽 발을 움직여 땅에 닿은 발바닥의 감각을 알아차린다. 다시 왼쪽 발을 움직여 발바닥의 감각을 알아차리고 자신을 문구로 감싸기를 반복한다. 천천히 걷기가 어려운 상황이라도 한발 나아갈 때마다 자비의 문구는 반복할 수 있을 것이다.

그다음에는 자신의 외부로 주의를 옮긴다. 밖에는 다양한 사람이 걷고 있다. 눈에 들어온 낯선 사람을 위해 머릿속으로 자비의 문구를 외쳐본다.

걸어가는 사람을 대상으로 한다면 '무사히 목적지에 닿기를',

'당신에게 오늘 하루가 좋은 날이 되기를', '당신의 고민이 사라지기를' 같은 문구가 떠오를지도 모른다. 그 사람의 입장에 서서 행복하기를, 괴로움에서 해방되기를 빌어보자.

가까이 다가오는 사람은 얼굴이 잘 보여서 기분을 이해하기는 쉽지만, 너무 뚫어지게 쳐다보면 거북해할 수도 있다. 적당한 거리를 두는 것이 요령이다. 웃음이 절로 나오고 평소보다 더 즐겁게 걷게 될 것이다.

걷다 보면 누가 오는지 알 수 없으니 명상은 일종의 모험이다. 도전한다는 느낌으로 시도해 보길 바란다.

여러 가지 자극에 마음을 빼앗길 수도 있는데, 자신을 위한 자비 명상과 스쳐 지나가는 사람들을 위한 자비 명상을 교차로 진행하면 대상이 명확해져 주의가 흐트러지지 않아 집중이 수월해진다.

익숙해졌다면 모든 생명체로 자비의 마음을 넓혀보자. 예를 들어, 새, 벌레, 개, 나무와 구름의 흐름, 사람이 타고 있다면 자동차나 버스도 괜찮다.

세상의 모든 만물을 위한 걷기 자비 명상을 수행하면 명상의 대상이 단숨에 늘어나고 마음이 유연해져 많은 사람의 행복을 바라게 된다. 더불어 나를 위한 컴패션도 더 깊어진다.

오늘 내 마음은 명상

싫은 사람, 불편한 사람의
행복을 생각하다

무능하고 얄미운 상사 때문에 괴로운 F

• • •

회사원 F는 무능하고 빈정대는 상사에게 질린 나머지 일을 그만둘까 고민 중이다. 직장 상사는 얄밉기만 한 게 아니라 늘 조바심만 내다가 일을 망치니 F가 어쩔 수 없이 수습에 나선다. 매일같이 F는 생각한다.

'다른 사람이 상사였으면 좋았을 텐데. 차라리 내가 이 회사를 떠나자'

오늘도 그 사람을 볼 생각을 하니 벌써 몸서리가 쳐진다.

누군가 싫어지면 될 수 있는 한 그 사람을 생각하지 않으려 하고 만남을 피하려고 한다. 심지어 직장을 그만둘 생각까지 하게 된다. 여기서 주목해야 할 점은 싫어하는 사람에게 싫은 소리를 들은 것은 며칠 전인데도 그것을 질질 끄는 모습이다. 스스로 과거에 발생한 일의 재생 버튼을 계속 누르면서 괴로워하는 꼴이다.

굳이 과거를 되돌아보면서까지 그 사람 일로 괴로워할 필요는 없다. 화내거나 무관심을 가장할 게 아니라 그 사람을 안쓰럽게 바라보자. 생각해 본 적 없겠지만, 싫어하는 사람의 행복이란 무엇일까 상상해 보자.

싫은 사람도 똑같은 인간이다. 스트레스를 받으니 짜증을 내는 것이다. 어쩌면 해결할 수 없는 문제를 안고 있을지도 모른다. 실수도 잘못도 저지르는 불완전한 인간의 하나일 뿐이다.

F의 상사는 아마도 회사 일이 녹록지 않은 모양이다. '업무가 잘 진행되기를'이라고 빌어줄 수도 있다. 상사가 자기 일을 F에게 억지로 떠넘긴 것은 일을 어떻게든 수습해 보려는 긍정적인 마음에서 비롯된 행동이 아닐까? 아니면 업무로 인한 답답한 심정을 F에게 털어놓고자 했던 것일지도 모른다. 상사에게는 '초조해하지 않고 잘 지내기를', '마음의 여유를 되찾기를' 이런 문구도 어울릴 것이다.

이처럼 싫어하는 사람의 입장에서 생각해보면, 정작 곤란한 건 그 사람이고 자비의 대상으로 조금도 이상하지 않다는 사실

오늘 내 마음은 명상

을 깨닫게 된다. 다만 싫어하는 사람이 한 일을 용서하거나 인정할 필요는 전혀 없다. 도덕적으로 잘못된 것은 잘못된 것이다. 실수하지 않고 잘 지내도록 빌어주기만 한다.

셀프 명상 17　싫은 사람·불편한 사람을 위한 자비 명상

감사한 사람, 친한 사람, 나를 위한 자비 명상(122쪽)부터 시작한다.

당신이 혐오하거나 분노를 느끼는 싫어하는 사람 혹은 불편한 사람, 대하기 껄끄러운 한 사람을 상상해 보자. 진짜 싫은 사람을 상상하면 처음에는 진행이 어려울 수도 있다. 초반에는 인생에서 당신을 가장 상처 입힌 사람이 아닌 '조금 미운' 정도의 사람부터 시작하는 편이 좋다. 조금이라도 감사를 느낄만한 인물을 선택한다.

그 사람의 얼굴이나 목소리를 떠올리고 이름을 말하고 그 감각을 느껴보자.

만약 가능하다면 그 사람의 좋은 점을 하나 생각해 보자. 생각나지 않는다면 그 사람이 당신과 마찬가지로 행복해지기를 바라지만 방식을 모른 채 잘못을 저질렀다는 사실을 떠올려 본다.

<u>그 사람의 행복을 비는 것은 그 사람이 행한 일을 용서한다는</u> <u>의미가 아니다.</u>

그럼 싫어하는 사람에게 자비의 마음을 보내보자.

'당신이 안전하기를'
'당신이 행복하기를'
'당신이 건강하기를'
'당신이 평온한 삶을 누리기를'

실천을 하다 보면 과거의 기억이 떠올라 분노, 부끄러움, 슬픔 같은 감정이 솟아나기도 한다. 떠오르는 생각이나 감정이 어떤 것인지 판단하지 않고 너그럽게 감싸 안아 스쳐 지나가도록 내버려 두자.
그 감정에 압도될 것 같으면 잠시 자기 자신이나 친한 사람을 위한 자비 명상으로 되돌아갔다가 다시 시작해도 좋다고 느낄 때, 싫어하는 사람의 명상으로 돌아가자.
'분노로 괴로운 건 어쩌면 상대방 쪽이 아닐까?' 분노나 처리하기 힘든 감정이 올라온다면 스스로에게 질문을 던져 상대의 심정을 잠시 상상해 본다. 그리고 '미움은 미워한다고 사라지지 않는다. 미움은 오직 사랑으로만 지울 수 있다'라는 점을 떠올리도록 한다.

이제 이 사람의 이미지를 내려놓고 명상 중에 알아차린 감정이나 사고, 감각과 함께 잠시 휴식을 취한다.

어떠했는가? 처음에는 '머리가 새하얗다', '졸렸다', '혼란스러웠다' 같은 느낌이 들지 않던가. 이것은 '싫다'라는 생각에 대한 반응으로서 본능적으로 나오는 것이다. 자신의 혐오감이나 분노를 받아들이고 참을성 있게 자비의 마음을 상대에게 전해보자. 싫어하는 사람이 조금씩 '그렇게 싫지는 않다'라는 감각으로 바뀌며 자비의 대상으로서 자연스러워질 것이다.

F도 자비의 명상을 실천했다. 처음에는 막연한 이미지밖에 떠오르지 않긴 했지만, 자비의 문구는 떠오르길래 몇 번 시도해보았다. 졸릴 때도 있었지만, 소원이 이루어져 웃고 있는 상사의 얼굴이 떠올랐던 순간도 있어 '진짜 싫지만 웃었으면 좋겠어. 웃는 얼굴로 일하게 되기를'이라고 빌었다.

어느새 자신의 분노가 눈 녹듯 사라지고 상사는 신경 쓰지 않아도 되겠다는 생각에 살짝 미소를 지은 자신의 모습을 알아차렸다. 그 뒤로 상사가 말하는 바의 진의를 알아차리게 되었다. "빨리해." "졸려 보이네."는 "일을 마무리해줘."라는 의미였다. 확실히 자신이 여유를 부리고 있을 때 그런 말을 듣는다는 것도 깨달았다. 결코 좋은 전달 방식은 아니지만, 격려의 말이라 받아들이니 '조금 얄미운' 정도로 상사를 보는 마음이 달라졌다. 점차 웃으며 인사하게 되었고 상사로부터의 참견도 줄어든 느낌이었다. 신기하게도 상사에게 말을 걸 때 거부감이 사라졌고 업무가 순조롭게 진행되었다.

싫다는 감정은 우리의 선의를 가로막는다. 상대에게 자비를 품고 '싫다', '불편하다'라는 생각을 내려놓으면 한층 단단해진 나를 만나게 될 것이다.

처음부터 가장 싫어하는 사람을 대상으로 시도하기는 어려우니, 조금씩 레벨을 올린다는 느낌으로 컨디션이 좋은 날에 명상을 시도해 보자.

오늘 내 마음은 명상

부정적으로 느끼는
집단의 행복을 바라다

협오와 분노는 특정 집단에 대해서도 발생한다. 직장 내 집단이나 상사와 부하라는 관계에서도 발생하고 남자와 여자, 남편과 아내, 출신 대학과 같은 좀 더 큰 틀에서도 발생한다. 국가, 민족, 종교, 문화, 사는 곳 등은 편견이 발생하기 쉬운 대표적인 집단이다.

'좋다', '싫다'라는 건 우리의 판단에 지나지 않고 실제로 어느 집단에 속하든 같은 인간이자 생명이라는 의미에서는 공통된 존재이다. 그러나 우리 대부분은 그렇게 인식하지 않고 꼬리표를 붙여 그 사람 자체가 아닌 꼬리표로 판단하려고 든다. 그래서 한쪽을 옹호하고 한쪽을 배척하는 분노의 소용돌이에 휩싸여버리는 것이다.

여기서는 상반되는 감정을 가진 두 집단에 똑같이 자비의 마음을 보내는 실험을 해보려고 한다.

좋아하는 집단은 있지만 싫어하는 집단이 없을 경우에는 한쪽에 친근감을 느끼고 다른 한쪽에 무관심한 케이스여도 괜찮다. 차이를 확실히 인식할 수 있는 두 집단을 선택하면 된다. 그때 한쪽 집단에 자신도 넣도록 한다. 두 집단의 예는 다음과 같다.

- 남성과 여성
- 아는 사람과 낯선 사람
- 청년과 노인
- 우리나라 사람과 다른 나라 사람
- 교육을 받은 사람과 교육을 받지 못한 사람
- 머리가 좋은 사람과 머리가 좋지 않은 사람
- 부자와 부자가 아닌 사람

각각의 집단을 위해 똑같은 자비의 문구를 사용한다.

잔소리하는 아내가 불만인 G

• • •

G는 아내와 다투지는 않지만 조금 불만스럽다. "월급이 적어."라는 아내의 말에 내심 서운했던 적도 있고, 자신만큼 집안

일에 적극적인 사람도 없다고 생각했는데 "집안일 좀 해요."라니 도무지 이해가 가지 않았다. '결혼하지 말 걸 그랬어' 가끔 그런 생각이 들기도 했다.

아내에게 이의를 제기한들 소용없을 테고, 싸우는 것도 어리석은 짓 같아서 어떤 말을 듣든 "아."라는 식으로 무관심을 가장한 채 불만을 술로 풀고 있다. 직장에서도 아내와 비슷한 또래의 여성을 조금씩 꺼리게 되었다.

이 실천에서 집단이라는 말을 들으니 남편과 아내가 떠올랐다. 즉시 명상을 시작했다. '이 세상의 남편들이 행복하기를', '이 세상의 남편들이 겪는 고민과 괴로움이 사라지기를' 남편들에게 문구를 보내자 그들의 환호성이 들려오는 듯했다. 그리고 '다들 힘들 거야. 모두가 행복하기를'이라고 자연스럽게 빌었다.

다음으로 아내들에게 자비의 마음을 보냈다. '이 세상의 아내들이 행복하기를', '이 세상의 아내들이 겪는 고민과 괴로움이 사라지기를' 문구를 반복하자 아내들의 고생이 차차 전해지는 듯했다. 아내가 그렇게 애쓴 것은 모두 가족을 위한 일이었음을 깨달았다. 그 순간 자신의 분노와 자존심 때문에 보이지 않던 아내의 선의가 느껴졌다. 분노나 원망은 눈 녹듯 사라져 아내에 대한 애정이 자신 안에 도사리고 있음을 알아차리고 안전, 행복, 건강, 마음의 평안 그 모두를 빌었다.

그날을 기점으로 아내에게 듣는 말로 화가 나기는 해도 예전처럼은 아니었고 오히려 여유가 생겨 "아, 오늘도 나를 이렇게 걱정해 주네." 같은 감사와 애정을 느끼게 되었다. 게다가 직장에서도 다른 여성에 대한 부정적 감정에 반응하지 않고 너그럽게 미소로 답하는 일이 늘었다.

그러면 이제부터 두 집단을 위해 자비의 마음을 보내겠다. 한쪽 집단에 대한 친밀감이 생기고 그 감정이 커지는 것을 알아차릴지도 모른다. 만약 그렇게 느꼈다면 그것도 하나의 실험 결과이다.

우리는 친밀감을 가진 집단에는 긍정적인 감정을 경험하고 다른 한쪽에는 부정적인 감정을 갖거나 아무런 감정을 느끼지 않는 경향이 있다. 이 명상에서는 다른 한쪽 집단에도 똑같이 자비의 마음을 보낸다. 그때 경험한 감각을 기억해 두길 바란다.

 서로 다른 두 집단을 위한 자비 명상

감사한 사람, 친한 사람, 나를 위한 자비의 명상(122쪽)부터 시작한다.

오늘 내 마음은 명상

서로 다른 두 집단의 사람들을 떠올려보자. 168쪽에서 예로 들었듯이 차이가 분명한 집단을 선택한다. 일반적인 집단이 아니라 자신이 만들어낸 집단이어도 상관없다. 이것은 우리와 타인 사이에 있는 여러 가지 장벽을 낮춰 극복하려는 연습이다.

여기에서는 남성과 여성을 예로 들겠다.

가장 먼저 한쪽 집단(여기서는 남성)을 위해 문구를 되뇐다.

'모든 남성이 안전하기를'

'모든 남성이 행복하기를'

'모든 남성이 건강하기를'

'모든 남성이 공포에서 해방되기를'

다음에는 같은 문구를 다른 한쪽 집단(여기서는 여성)을 위해 되뇐다. 한쪽 집단(남성)에 친밀감이 생겼다면, 그 후 잠시간 다른 한쪽 집단(여성)을 위한 자비의 마음에 주목하자.

'모든 여성이 안전하기를'

'모든 여성이 행복하기를'

'모든 여성이 건강하기를'

'모든 여성이 공포에서 해방되기를'

이제 서로 다른 두 집단의 이미지를 내려놓는다. 이 실천에서 당신이 키운 여러 가지 감정과 연결된 감각과 함께 잠시 휴식을 취한다.

어떠했는가? 자신이 속해 있는 집단에는 수월하게 문구를 전했을 것이다.

다른 한쪽 집단에 대해서는 어떠한 감각을 경험했는가?

이 실천을 계속하다 보면 조금씩 집단 사이에 있던 장벽이 허물어진다. 인내심을 가지고 계속해 보길 바란다.

호감이 가지 않는 집단을 위해 명상하면 이제까지 보이지 않던 상대의 입장을 통찰하게 된다. 그러면 내가 속한 집단과 싸울 일도 사라지고 서로의 공통성을 인정하며 존중하면서 목표를 함께 실현할 길을 모색할 수 있다.

오늘 내 마음은 명상

살아 있는 모든 생명의
행복을 바라다

 ## 살아 있는 모든 생명의 행복을 바라는 자비 명상

감사한 사람, 친한 사람, 나를 위한 자비 명상(122쪽)부터 시작한다.

우리가 공통으로 품고 있는 행복에 대한 바람을 한번 생각해보자.

살아 있는 모든 생명은 같은 세계에서 같은 공기를 마시고 다 같이 행복을 바란다. 당신 자신을 비롯하여 살아 있는 모든 생명에게는 서로를 정답게 대하고 애정을 주고받으며 행복해질 가치가 공평하게 존재한다.

준비가 되었다면 당신 자신부터 시작해 자비의 문구를 보낼 대
상을 주변 사람으로 넓혀간다.

당신이 있는 건물의 모두를 위해, 대상을 넓혀가자.

당신 근처에 있는 모두를 위해

당신이 사는 마을의 모두를 위해

당신이 사는 나라의 모두를 위해

이 세계에 사는 모두를 위해

당신 자신을 포함하여 전 세계의 살아 있는 모든 생명에게로
자비의 대상을 확대한다.

'살아 있는 모든 생명이 안전하기를'

'살아 있는 모든 생명이 편안하기를'

'살아 있는 모든 생명이 행복하기를'

'살아 있는 모든 생명이 평온하게 살아가기를'

당신이 품은 자비의 마음을 퍼뜨려, 전 세계를 비추고 다양한
문화와 생활 방식의 사람들에게 너그러움과 평온을 전달하는
이미지를 그려보자.

오늘 내 마음은 명상

문구의 대상에 자기 자신을 잊지 말고 포함하도록 하자. 당신 자신과 다른 사람들 모두가 행복과 안녕에 대한 염원을 받아들이고 문구에 에워싸이는 이미지를 그려보자.

'우리가 안전하기를'
'우리가 건강하기를'
'우리가 행복하기를'
'우리가 평온하게 살아가기를'

이것으로 자비 명상을 마치겠다.

우리는 행복을 바라며 살아가는 생명이라는 점에서 공통된다.

차별 없는 애정을 서로에게 보일 때 모두의 행복이 이루어질 것이다.

잠시 이 명상을 통해 길러진 감각을 음미하길 바란다.

이제 호흡의 움직임으로 주의를 되돌리자.

여기서 명상을 그만두고 싶으면 멈추어도 되고, 원한다면 계속해도 좋다.

가급적 순간순간의 경험에 주의를 기울여 보자.

마음이 흐트러지면 호흡을 가다듬으며 지금 이 순간의 감각을 천천히 알아차리도록 한다.

만약 이 명상에서 살아 있는 모든 생명에게 자비의 마음을 보냈다면 자신에게도 다른 생명에게도 관대해지고 너그러워질 것이다. 분노나 혐오 대신에 너그럽고 온화한 마음이 자리를 차지하며 여유가 묻어나올지도 모른다.

힘든 일이 있어도 모든 생명의 행복을 염원함으로써 모든 생명과 연결되어 있다는 사실을 재확인할 수 있다. 그것은 매우 경이로운 순간이다.

불교에서는 이러한 마음 상태를 '중도中道'라고 한다.

우리에게는 '내'가 존재하고 그와는 다른 생각을 가진 '타인'이 존재한다고 생각해서 상대의 마음을 멋대로 판단하려 드는 경향이 있다. 그러나 현실에서 '나'라고 생각하고 있는 것은 사고나 감각에 지나지 않으며, 다음 순간에는 다른 것으로 바뀌어 있다. 그런데 우리는 '자신'은 이렇고 '타인'은 저렇고 하는 고정관념을 만들어 마치 실재하는 양 반응한다.

집단을 만들어 대립하는 구도도 마찬가지이다. 집단이 일단 형성되면 자신이 들어간 집단은 옳고 다른 쪽 집단은 옳지 않다는 확신이 생겨나 그 생각에 따라 다른 한쪽을 배제하려고 한다.

자비 명상은 중도의 실천이다. 중도란 모든 생명을 따뜻하고 자비로운 마음으로 중립적으로 바라보는 것이다. 중립이란 어떤 차별도 편견도 없는 균형 잡힌 상태를 말한다.

자비로운 내가 모든 생명의 행복을 바라면, 생명은 최초부터 구별 없이 평등했다는 것을 깨닫게 된다. 그곳에 존재하는 것은 차별 없는 애정으로 모든 생명과 이어져 있다는 행복감이다.

Chapter 3

나의 하루를 명상으로
평온하게 채우다

셀프 컴패션으로
일상을 물들이다

　　　지금까지 소개한 연습과 자비 명상을 매일 실천하여 셀프 컴패션을 다양한 상황에서 활용할 수 있다. 먼저, 단계적으로 나를 위한 자비 명상(122쪽)까지 몇 번 정도 시도해본다. 문구를 되풀이하면서 긍정적인 감각의 변화가 일어났다면, 명상하지 않을 때도 자비로운 자기 자신이 곁에 존재할(이미지로) 가능성이 있다. 그러면 평소와는 조금 다른 마음가짐이 느껴질 것이다.

　　셀프 컴패션을 일상생활에 적용하기 전에 마인드풀니스 호흡 명상(49쪽)을 먼저 떠올려 본다. 자기 자신을 왕성한 호기심으로 관찰하고, 나타나는 모든 것을 받아들이며, 부정적인 감정에는 '혐오' 같은 이름을 붙여 그대로 둔 채, 감각의 변화를 알아차리고 사고가 신체에 미치는 영향을 탐색하는 과정이다.

일상생활에는 자극이 많아서 판단하지 않고 있는 그대로 받아들이는 '알아차리기'를 잊기 쉬운데, 잊었다고 알아차린 순간에 지금 현재의 감각으로 돌아올 수 있으면 괜찮다.

셀프 컴패션 일기를 쓰는 것도 무리하지 않고 실천을 계속하는 요령이다. 짧아도 괜찮으니 실천 내용과 감상에 대해 매일 한 줄이라도 써본다. 노트에 직접 써도 좋고 컴퓨터나 스마트폰으로 작성해도 좋다. 천천히 공백을 채워본다.

정답도 오답도 없다. 어떤 내용이라도 괜찮으니 자신이 느낀 바를 적어보자. 아무것도 하지 않을 때보다는 실천 의지가 오래 지속될 것이다. 다만 너무 많이 쓰면 기운이 빠지니 적당히 하는 편이 좋다. 일기 쓰는 시간보다 명상 시간을 충분히 확보하는 편에 더 의미가 있다.

셀프 컴패션으로
하루 일과를 다듬다

그럼 이제부터 우리가 하루를 보내며 만나는 다양한 장면에서 셀프 컴패션을 실천할 방법을 소개하겠다. 쉽게 할 수 있는 것부터 차근차근 시작해 보자.

처음에는 바쁜데 일일이 해야 하다니 귀찮다고 느끼거나 겸연쩍을지도 모른다. 그럴 때는 '귀찮다고 느끼는구나', '어색해서 쑥스럽다고 생각하는구나' 그저 느낀 그대로 받아들이면 된다. 거듭 말했듯이 느낌에 정해진 답은 없으니 그 감각을 부정할 필요는 없다.

단, 이왕 시작한 일이니까 너무 빨리 그만두지 말고 마음에 드는 것만이라도 당분간 계속해 보자. 그러면 당신의 하루하루가 조금씩 변해가는 모습을 틀림없이 실감하게 될 것이다.

① 한 호흡하고 기상한다

눈이 떠졌다면 먼저 호흡을 한 번 한다. 눈을 뜨고 콧속으로 들어오는 살짝 차가운 공기의 흐름을 느낀다. 2~3회 호흡을 하면서 몸 전체의 감각을 의식한다. 잠에서 깨어나는 느낌을 알아차린다.

만약 몸 어딘가 신경 쓰이는 감각이 있다면 그곳으로 자비의 마음을 보낸다. '내 몸이 자비로 가득하기를' 같은 문구를 마음속으로 되뇌며 몸 전체를 에워싼다.

자신에게 '괜찮지?'라고 물어보고 괜찮으면 일어난다.

② 비누의 감각을 느끼며 세수한다

'오늘도 멋진 하루가 되기를'이라고 빌며 거울 앞의 자신에게 미소 짓는다. 늦은 밤이라면 '오늘 쌓인 피로가 잘 풀리기를' 같은 문구가 좋겠다.

수도꼭지를 돌리고 쏟아지는 물에 조심스레 손을 넣어 물의 흐름을 느낀다. 손의 감각이 조금씩 변화하는 것을 알아차린다. 수도꼭지를 잠근다.

비누를 쓴다면 비누를 들고 거품을 내어 얼굴에 묻힌다. 천천히 얼굴을 문지르며 그 감각을 음미한다. 손의 감각이나 비누 향의 변화를 느낀다. 비누에 대한 감사가 느껴질지도 모른다.

그다음에는 수도꼭지를 돌려서 물로 얼굴을 헹군다. '쓱쓱'이

오늘 내 마음은 명상

아니라 '톡톡' 차분히 얼굴을 씻으며 그 순간의 감각을 알아차린다.

특히나 밤에는 찬바람을 맞거나 장시간의 화장으로 얼굴은 지쳐 있다. '얼굴 세포야. 언제나 고마워. 꼼꼼히 깨끗하게 씻을게' 문구로 얼굴을 감싸준다.

깨끗해졌다면 마지막으로 양손으로 뺨을 감싸 안고 '내가 늘 행복하기를' 자신에게 자비를 보낸다.

③ 충분히 이를 닦는다

느긋한 동작으로 칫솔을 이에 대고 닦기 시작한다. 팔이 움직이는 감각, 입속과 이 부근의 감각 변화를 알아차린다. '내 이가 깨끗해지기를' 내 이를 위해 문구를 보내면서 계속 이를 닦는다.

거울로 깨끗해진 이를 관찰하고 만약 음식물 찌꺼기가 남아 있다면 다시 닦는다.

깨끗이 닦였다면 마지막으로 '오늘도 좋은 날이 되기를', '고민이나 괴로움이 사라지기를' 나에게 문구를 보내고 웃어본다.

④ 내 몸이 원하는 음식을 고른다

우리는 맛있다고 느끼면 계속 먹고 마시고 싶어 하는 경향이 있다.

셀프 컴패션을 내 몸에 보내면, 이 같은 욕구에서 벗어나 내 몸이 정말로 요구하는 음식을 적절한 방식으로 선택해 맛있게 섭취하게 된다.

슈퍼마켓에서 장을 볼 때, 레스토랑에서 주문할 때, 냉장고를 열었을 때, 깊이 숨을 들이마시고 다음과 같은 문구를 자신에게 외쳐주자.

'내가 건강해지기를'

'내 몸에 정말 좋은 음식을 고를 수 있기를'

음식에 미소 짓고 내 몸에 친절한 마음을 보이며 몸에 좋은 음식을 고른다.

익숙해졌다면 그 음식에 관련된 사람들에게도 컴패션을 보내자.

'이렇게 키워주시고 또 먹을 수 있는 모양으로 만들어 주신 덕분에 맛있게 먹습니다. 이 음식에 관련된 분 모두가 행복하기를'

셀프 컴패션을 높이면 음식을 선택할 때 의사나 가족이 하는 말을 무리해서 듣는 것이 아니라 사신 뜻대로 나에게도 남에게도 친절하고 환경에도 좋은 것을 고르게 된다.

음식과 관련해 많은 사람이 가지기 쉬운 또 다른 욕구가 있다. 그것은 바로 다이어트이다. 동서양을 불문하고 미디어에 나오는 아름다운 여성 모델은 몸이 매우 말랐다. 대부분의 젊은 여성은 비현실적인 이상 탓에 그렇지 않은데도 불구하고 자신의 체형을 '뚱뚱하다'고 생각한다. 또 청소년기에는 성장으로 인해 체형의 변화가 급격한데 자칫 체형 콤플렉스를 갖게 될 수도 있다.

이런 비뚤어진 욕망 때문에 부서질 것 같은 몸매인데도 자꾸만 더 살을 빼려고 한다. 그래서 끼니를 거르며 극단적으로 살을 빼는데, 기분이 우울해지기 쉽고 집중력이 저하된다.

식사를 제한하는 사람 중에는 식욕이 억제되지 않아 뭐에 홀린 듯 폭식하고 나서 후회하며 구토하는 일을 매일같이 반복하는 케이스가 있다. 이것은 섭식 장애로 진단받을 가능성이 높다.

섭식 장애는 자신의 체형에 대한 셀프 컴패션이 낮아서 생긴 병이다. 마인드풀니스 명상을 통해 자신이 일상적으로 느끼는 감정을 받아들이는 것부터 시작해 '마르고 싶어', '먹고 싶어', '이거 먹으면 망해', '근사해지고 싶어' 같은 욕구와 감정을 관찰하고 내려놓기를 반복한다.

그리고 바디 스캔(100쪽)으로 자신의 몸과 지금 현재의 상태를 알아차리고 친절한 마음을 보낸다. 몸을 향한 감사와 건강을 바라는 마음을 문구로 전달하는 것이다. 이제까지 희생해온 세포 하나하나에 자비가 넘치는 따뜻함을 전해보자.

마지막으로 '내가 내 몸을 온전히 사랑하기를', '내가 내 몸과 함께 건강하기를', '내가 욕구를 통제하는 일에서 자유로워지기를' 신체를 위한 자비 명상을 수행한다.

문구를 반복함으로써 내 몸을 소중히 여기는 마음을 되찾고 자신을 위해 식행동을 선택할 여유가 생겨난다. 앞서 말했듯이 셀프 컴패션을 실천함으로써 정말로 먹고 싶을 때 몸에 좋은 음식을 선택하게 되니 자연스럽게 살이 찌는 일은 사라진다.

⑤ 물 한 컵으로 공복을 가늠한다

요리하기 전에 물 한 잔을 마인드풀하게 마셔보자.

'마인드풀'하게 마시는 법은 다음과 같다.

먼저 마시기 전에 컵 속의 물을 관찰하여 투명한 물과 컵에 반사된 모양이 서서히 변하는 모습을 지켜본다.

그러고 나서 컵을 천천히 입에 대고 조금씩 마셔본다. 입속에서 일어나는 여러 가지 감각이 느껴질 것이다.

물을 마시는 데 집중하면 목의 감각을 있는 그대로 알아차릴 수 있다. 이렇게 목의 갈증이나 공복을 가늠한 뒤, 무엇을 먹고 요리할지 결정한다.

⑥ 음식을 자세히 살피며 요리한다

오늘 먹을 음식을 바라보며 '고마워. 오늘도 네 덕분에 살아갈 수 있어' 감사의 마음을 보낸다.

천천히 정갈한 동작으로 재료를 잘라보자. 순간순간 재료를 다루는 감각은 바뀐다. 감각을 알아차리면서 '잘 잘리기를', '맛있는 요리가 되기를' 되뇌어 보자. 칼로 손질하는 기쁨을 느낄지도 모른다.

프라이팬에 두른 기름의 변화나 재료의 형태가 바뀌는 것을 관찰하고 즐긴다. 음식이 구워지는 모습도 관찰한다. 주의 깊게 살피며 그 형태의 변화를 알아차린다. 예를 들어 달걀프라이는 만들 때마다 모양이 다르다. 달걀을 깨서 프라이팬에 떨어뜨려 바뀌는 모양을 지켜보며 '달걀아, 고마워. 오늘은 어떤 모양이 될까' 되뇌며 알아차려 보자.

음식을 식기에 담으면서 그릇과 요리의 조화를 즐길 수 있다.

⑦ '정보'를 차단하고 아침을 먹는다

텔레비전이나 라디오, 컴퓨터, 스마트폰의 전원을 끈다. 신문이나 잡지도 덮는다. 처음 몇 분 만이라도 상관없다.

가족과 식사를 한다면 음식 이야기를 나눠보자.

호흡의 움직임을 알아차리고 가족에게 미소 짓는다.

'내가 집중하여 먹을 수 있기를', '내가 음식에 감사할 수 있기를', '적당한 양으로 만족하고 다른 생명에게 폐 끼치지 않기를'이라는 문구를 요리에 보내며 먹기 시작한다.

요리를 주시하며 신선한 야채, 베이컨의 고소한 냄새, 윤기가 흐르는 밥을 알아차린다. 감사하는 마음으로 미소를 보내면 그 음식에 관계된 사람들의 이미지가 떠오르기도 한다.

'야채야, 빵아, 농가의 여러분, 또 그 가족 여러분, 고맙습니다. 살아 있는 모든 것이 행복하기를'

음식을 조금씩 입에 넣는다. 음식을 씹을 때마다 일어나는 감각에 주의를 기울이자. 천천히 음미하다 보면 참맛이 느껴지는 순간이 온다. 자연과 많은 사람에게 연결되어 있다는 감각과 기쁨을 느낄 수도 있다.

식사가 끝나면 자연스럽게 '근사한 시간 고마워' 하고 감사의 마음이 절로 나오리라. 행복으로 꽉 찬 순간이 될지도 모른다.

마인드풀하게 먹으면 과식이 사라지고 싫어하는 음식 맛에 눈을 뜰 수 있다. 매일은 아니더라도 일주일에 한 번 정도 마인드풀하게 먹는 날을 정해두고 시도해 보자.

혹시 몸무게를 감량할 필요가 있다면 매일 일기를 쓰면서 의지를 다져보는 것도 좋다. 일기에 그날 먹은 음식을 기록하고 '오늘도 애썼구나', '건강하기를' 하고 셀프 컴패션을 보낸다.

⑧ '자국'을 생각하며 그릇을 닦는다.

급하게 그릇을 씻다 보면, 더러운 자국이 남는다든지, 부주의하게 다루어 깨뜨리기도 한다. 설거짓거리가 잔뜩 쌓여 있을 때는 '설거지가 무사히 끝나기를'이라는 문구를 나에게 말해보자.

스펀지에 스며든 세제의 변화를 알아차리고 식기에 물이 부딪치는 순간에 주의를 기울여 본다. 물방울이 튀어 오르거나 떨어지는 모습이 그때그때 변화한다. 그렇게 관찰을 즐기면서 정성껏 접시를 닦는다. 접시에 붙은 더러운 자국은 더러움이 아니라 음식이다. 감사하는 마음으로 감싸 안는다.

설거지가 끝났다면 '내일도 이 그릇들로 맛있게 식사할 수 있기를' 자비의 마음을 그릇에 보낸다.

⑨ 나를 다독인 다음 청소한다

청소를 싫어하고 서툴다고 느끼고 귀찮다고 생각하는 사람이 적지 않다. 우리는 곧잘 빨래, 쓰레기 처리, 걸레질, 욕실 청소 같은 집안일을 번거롭고 지루하다고 말한다.

하지만 동작 하나하나를 알아차림으로써 의외로 힘들다 느끼지 않고 청소를 끝낼 수 있다. 간신히 청소를 시작해도 귀찮아, 재미없어, 피곤해, 왜 나만 해, 이런 사고가 계속 떠오르면 의욕이 생길 리가 없다.

그럴 때는 먼저 지치고 불만스러운 나를 위해 셀프 컴패션 연습을 수행하며 '열심히 잘하고 있어' 같은 친절한 말을 들려주면 시작하기 쉬워진다.

걸레질이나 욕실 청소도 바닥이나 욕조에 감사를 느끼며 숨을 들이마실 때마다 '닦습니다', 숨을 내쉴 때마다 '깨끗해집니다'처럼 닦으면서 하는 명상을 할 수 있다.

또 바닥을 걸레질할 때, 한 호흡마다 바깥쪽을 향해 닦으면서 '바닥아, 고마워'라고 되뇌고 다른 한 호흡에 내 쪽으로 되돌아오듯이 닦는 방법을 시도해 보자. 걸레질의 움직임과 깨끗해지는 바닥을 느껴본다.

'귀찮아' 같은 잡념이 떠올라도 그것을 '잡념'이라고 알아차
리기만 한다.

이러한 실천을 매일 계속하다 보면 잘 지워지지 않는 얼룩이
있어도 그다지 화가 나지 않는다. 얼룩에도 '깨끗해지기를'이라
고 되뇌며 천천히 정성껏 마인드풀하게 지워나간다.

정원을 청소할 때는 시작 전에 한 호흡한 뒤, 하늘을 바라보
며 모든 감각을 받아들인다. 태양 빛, 나무와 땅 냄새가 느껴질
지도 모른다. 그 감각의 변화를 알아차려 나간다.

만약 풀을 뽑는다면 삽을 사용할 때 숨을 들이마시면서 '땅으
로 들어갑니다', 숨을 내쉬면서 '이제 나옵니다'라고 되뇌며 마
인드풀하게 작업할 수 있다. 또 '이제까지 고마웠어. 정원의 흙
으로 돌아가도 소중히 여길게'처럼 풀에 자비의 마음을 품으면
작업을 계속하기 쉬워진다. 나무들이나 벌레들 같은 생명을 마
주쳤을 때는 마찬가지로 자비의 마음으로 감싸 안는다.

허리나 팔이 지치기 시작했다면 '허리야, 팔아, 고마워. 슬슬
쉬어볼까' 하고 친절하게 말을 걸어 가장 휴식이 필요한 시기에
적절히 쉬도록 한다.

만약 함께 작업하는 사람이 있다면 그 사람에 대해 상상해도
좋다. 인간의 보편성이 느껴질 것이다.

경쟁이 아니기 때문에 서둘러 끝낼 필요는 없다. 천천히 자신의 페이스대로 수행하면 작업은 순조롭다.

작업을 끝낼 때는 두세 번 정도 호흡한 뒤, 오늘 작업한 곳을 바라보며 '오늘 하루도 일을 잘 마무리했어요. 정원, 삽, 내 몸, 가족 모두 고마워' 하고 나뿐만이 아니라 가족, 그리고 정원이나 도구에도 감사를 보낸다. 평소와 달리 따분하지 않게 따뜻한 마음으로 작업을 마무리할 수 있을 것이다.

'주부라면 당연히 집안일을 잘해야 한다', '불평불만을 들어도 잠자코 견뎌야 한다' 같은 생각에 얽매여 무조건 참고 견디는 사람도 있지 않은가?

특히 남성보다 여성이 집안일을 전담하는 비율이 높아서 보통 그런 고정관념에 얽매이는 분위기이다. '여자니까', '전업주부니까' 완벽하게 청소해야 한다는 인식은 부모와 사회로부터 주입받았거나 가족에게서 들은 말일 텐데, 이것은 어떤 의미에서 '망상'에 지나지 않는다.

내가 자신을 괴롭히면서까지 청소할 필요도 없고, 불평불만을 듣고 수긍할 수 없으면 반론을 제기해도 좋다.

어떤 생각에 사로잡혀 있다면 먼저 '나는 반드시 이렇게 해야 한다'라는 자기 확신에서 멀어지자. 나를 위한 자비 명상에서 '내가 나를 속박하는 고정관념에서 벗어나기를', '내가 행복하기를'이라고 빌어보자. 여러 가지 깨달음을 얻게 될 것이다. 어쩌면 상처받기 일쑤였던 자신을 발견하고 도움을 요청하는지도 모른다. 그때는 이 명상을 수시로 수행하고 치유하도록 하자.

⑩ 옷에 감사하며 세탁한다

설거지와 마찬가지로 세탁물도 잔뜩 쌓여있으면 넌더리가 날 것이다. 세탁물과 자기 자신에게 자비의 마음을 보낸다. 세탁물에 '오늘 고마웠어. 덕분에 따뜻하게 내 몸을 보호할 수 있었어. 앞으로도 깨끗하기를' 같은 문구를 말해주자.

자기 자신을 위해서도 '수고했어. 오늘도 무사히 세탁이 끝나기를'이라고 문구를 되뇌어도 좋다.

건조할 때는 그 순간에 발생하는 감각을 알아차리도록(마인드풀) 한다.

'하기 싫다', '귀찮다'라는 생각을 알아차릴 뿐만 아니라 햇빛의 따사로움을 느끼게 될지도 모른다. 옷의 디자인이나 섬세한 바느질을 알아차릴 수도 있다. 자연스럽게 입고 있는 옷에 애착이 생기고 감사의 마음이 우러나올 것이다.

⑪ 발바닥의 감각을 알아차리며 출근한다

당장 출근이라고 하면 현관에서 신발을 신는 순간부터 그날 할 일로 머릿속이 복잡해진다. 수많은 잡념에 사로잡혀 머리를 푹 숙이고 역까지 걷다 보면 괜히 우울하고, 오후가 채 되기도 전에 머리가 묵직하다. 걸으면서 순간순간의 감각을 받아들이는(마인드풀하게) 걷기 명상을 하면서 역으로 향해보자.

걷기 명상은 천천히 옮기는 발걸음에서 발생하는 감각을 알아차리고 착지한 발바닥의 감각을 알아차리는 명상이다. 얼굴을 들고 정면을 바라보면서 '오른쪽 발을 듭니다, 옮깁니다, 내려놓습니다. 느낍니다. 왼발을 듭니다, 옮깁니다, 내려놓습니다'처럼 속으로 말하면서 걷는 실천이다. 천천히 걸으려면 지각하지 않기 위해 그만큼 일찍 기상해야 한다. 이른 기상이 그리 쉬운 일은 아니니 10분 정도만 앞당겨 일어나자. 현관을 나선 뒤, 여유롭게 걷기 명상을 하면서 역이나 버스 정류장으로 향한다. 이때 '오른발, 왼발'이라고 속으로 외쳐도 좋다.

역까지 걸으면서 명상을 하면 이제까지 알아차리지 못했던 풍경이 눈에 들어온다. 시각, 청각, 후각 등 오감을 동원하여 모든 감각을 깨운다. 아침 햇살이나 나무들, 새의 아름다움을 알아차리게 되리라.

비단 열심히 걷는 사람이 나만이 아니라는 것을 알아차릴지도 모른다. 그때는 낯선 사람을 위한 자비 명상(157쪽)을 추가해보자. 낯선 사람에게도 애정이 샘솟을 것이다.

새와 벌레와 많은 사람을 비롯한 모든 생명을 경이롭게 받아들이는 순간이 어느새 찾아온다. 역이나 버스 정류장을 향하는 여정이 즐거운 여행길로 바뀔 수도 있다. 듣고 보니 새삼 아침 일찍 일어나고 싶은 생각이 들지 않는가? 명상은 10분만으로도 충분하다.

⑫ 눈에 들어온 모든 것에 자비를 베풀며 운전한다

차에 타고 있으면 그야말로 오만 생각을 하며 차를 모는데 느린 차나 빨간불을 만나면 짜증이 치민다. 때로는 목적지에 빨리 다다르고 싶은 마음에 속도위반을 저지르기도 한다.

운전도 마인드풀니스와 셀프 컴패션을 통해 안전하게 긍정적으로 할 수 있다. 운전을 시작하기 전에 심호흡을 한 번 크게 하고 '오늘도 안전하게 운전하기를. 조바심 내지 않고 운전하기를'이라고 여러 번 문구를 되풀이한 뒤 자신을 친절함으로 에워싼다.

운전 중에는 가급적 눈에 들어오는 것에 주의를 기울이며 잡념이 떠오르면 '잡념'으로 알아차리고 다시 눈앞에 보이는 것으로 주의를 돌린다.

차가 막힐 때는 앞차에 '안전하게 목적지에 도착하기를', '멋진 하루를 맞이하기를' 같은 문구를 보내면 '늦네. 빨리 좀 가지'라고 화내지 않을 수 있다.

빨간불로 멈춰있을 때는 보행자에게 자비의 마음을 보낼 수 있다. 횡단보도를 건너는 사람을 향해 '무사히 건너기를', '행복하기를' 하고 빌어본다. 자연스럽게 미소가 번지며 신호 대기도 아무렇지 않아진다. 정체가 길어져도 자기 자신이나 다른 운전자, 보행자에게 자비의 마음을 보내다 보면 피로도 덜 쌓인다.

⑬ 러시아워에 주변과의 공통성을 알아차린다

줄을 서서 기다리는 건 꽤 지루한 일이다. 나에게 그리고 나란히 줄지은 사람들에게 컴패션을 보내자.

서 있다면 '서 있어요. 느끼고 있어요' 발바닥으로 주의를 옮겨 명상할 수 있다. 틈틈이 자신을 위해 '내가 행복하기를' 문구를 되뇐다.

줄지은 사람들에게 '당신이 무사히 목적지에 도착하기를'이라고 문구를 보내보자. 괴로워 보이는 사람, 힘들어 보이는 사람이 있다면 '당신의 고통이 사라지기를' 같은 문구도 잘 어울릴 것이다. 줄 서 있으면서도 조바심 내지 않으면 같은 처지에 놓인 타인과 기분 좋게 연결된 감각이 생겨날지도 모른다.

내가 타려는 전철이나 버스가 도착해도 이미 만원일 때가 있다. 아등바등 어떻게 타긴 탔는데 타고 나서도 계속 짜증이 나고 어깨가 조금 부딪친 것만으로 '아프잖아. 적당히 좀 하지'라는 생각에 화가 난다.

타기 전에 숨을 한 번 들이마시고 내쉰 뒤, 천천히 발을 옮겨 마인드풀하게 발바닥의 감각과 눈에 들어오는 광경을 받아들이며 탑승한다. 자신을 비롯한 '여기에 탄 사람 모두가 행복하기를' 문구로 주위를 감싼다. 그러면 다른 승객을 자연스럽게 배려하게 되며 신기하게도 평온한 마음으로 군중 속으로 들어갈 수 있다. 평소와 다름없는 전철이지만 시야가 넓어지며 다른 승객의 다양한 표정이 눈에 들어온다.

승객의 대부분은 낯선 사람이다. 낯선 사람을 위한 자비 명상 (157쪽)도 실천할 수 있다. 서 있는 발바닥의 감각을 알아차리며 서서 하는 명상을 실천해도 좋다. 순간순간 바뀌는 풍경과 자신의 신체 감각의 변화를 알아차린다. 옆 사람에게 부딪친 감각이나 급정거로 인해 불쾌한 감각이 발생하면 그저 그것을 알아차리고 다시 명상으로 되돌아간다.

명상을 수행하면 발 디딜 틈 없는 전철이나 버스가 잡지를 읽거나 음악을 듣지 않아도 즐길만한 공간이 된다.

⑭ 오늘의 행복을 바라며 일터로 향한다

겨우 가려던 역에 도착해도 직장까지 좀 걸어야 하는 사람도 있을 것이다. 그럴 때는 걷기 자비 명상(159쪽)을 실천할 수 있다.

먼저 자기 자신을 위해 '오늘 무사히 일할 수 있기를' 하고 빌어본다.

직장 근처라면 아는 사람을 만날지도 모른다. 그 사람들에게 '당신이 오늘도 행복하기를' 자비의 마음을 보내자. 자신을 포함한 '우리가…'로 주어를 바꾸면 좀 더 가까운 느낌이 든다. 타인과의 유대를 느끼며 기쁨과 행복이 샘솟는다. 어느덧 미소로 인사하는 자신을 알아차리게 될 것이다.

역이나 직장에서 에스컬레이터나 엘리베이터 대신에 계단을 이용해도 좋다. 걷는 명상과 똑같이 발의 움직임, 발바닥의 감각을 알아차린다.

만약 '힘들어', '피곤해' 같은 생각이 떠오른다면 그 느낌을 알아차리고 '내가 이 계단을 끝까지 올라갈 수 있기를' 되뇌며 너그러운 마음으로 지켜보자. 몸을 움직이는 기쁨을 누릴지도 모른다.

⑮ 3분간 호흡한 다음 인사한다

일에 쫓기다 보면 아침부터 긴장된 표정으로 제대로 된 인사도 못할 때가 많다. 당장 해야 할 일이 있는 것은 아니지만 머릿속은 마치 마감 날짜가 닥치기라도 한 듯 긴박하다. 그럴 때는 숨을 한 번 들이마시고 내쉰 뒤, 그런 비현실적인 생각을 그저 '생각'이라고 알아차린다.

머릿속이 복잡하다면 3분 호흡 공간법을 추천한다. 이것은 1분마다 명상 내용을 바꾸어서 마음을 안정시키는 방법이다.

처음 1분 동안은 몸과 마음이 어떤 상태인지 탐색하고 지금 현재의 감각을 받아들인다.

다음 1분 동안은 호흡의 움직임에 주의를 기울여 복부의 팽창과 수축을 알아차린다. 만약 잡념이 떠오른다면 그것을 알아차리고 다시 복부의 팽창과 수축으로 주의를 되돌린다.

마지막 1분 동안은 전신으로 호흡하는 것처럼 의식의 중심을 호흡의 움직임에서 몸 전체로 확장해 신체의 모든 부분에서 일어나는 감각을 알아차린다. 그리고 신체의 모든 감각을 있는 그대로 받아들인다.

책상에 앉아 있을 때나 조용히 있을 만한 장소에서 3분 동안 호흡 공간법을 시도해 보자. 괴로운 일이 있을 때는 셀프 컴패션 연습을 끼워 넣어도 좋다. 너그러움이 느껴지는 자세로 바꾸거나 자신에게 친절한 말을 걸어서 신체 감각의 변화를 알아차린다.

어느 정도 평온을 되찾으면 회사 사람과 마주쳐도 자연스럽게 미소로 인사하고 대화할 수 있다. 바쁜 와중에도 여유를 찾아 동료와 이야기 나누게 된다.

⑯ 순간을 음미하면서 차를 마신다

집이나 회사 휴식 시간, 일하는 중간이라도 차나 물을 마실 때 몰두할 수 있는 명상이 있다.

호흡 명상부터 시작한다. 찻잔이나 컵을 천천히 들어 올려 그 동작을 그대로 말하면서 코앞으로 가져온다. 차의 향기, 내 안에서 일어나는 신체 감각이나 감정을 알아차리고 음미한다. '차야, 고마워' 자비의 마음을 보내고 미소 지으며 한 모금 차를 맛본다. '일하느라 수고했어' 자기 자신에게도 자비의 마음을 보낸다. 일어나는 신체 감각을 알아차리고 또 한 모금 차를 맛본다. 깊이 호흡하며 '차야, 고마워'라고 되뇐다.

⑰ 무리하지 않는 선에서 동료와 점심을 먹는다

직장 동료와 점심 식사를 함께하면 즐겁지만, 한편으로 내 컨디션이 나빠도 상대에게 맞춰야 하는 등 셀프 컴패션에 조금 적절하지 않은 행동이기도 하다.

마음이 썩 내키지 않을 때는 자신의 상태를 고려해 몸에 좋은 음식이 나오는 식당을 제안하거나, 도시락을 들고 가서 함께 먹는 것도 좋은 방법이다. 무엇보다 무리하지 않는 선에서 행동하는 것이 중요하다.

동료와 함께할 때는 계속 마인드풀하게 식사하면 시간이 너무 오래 걸려 곤란할 수도 있다. 처음에 차려진 음식을 보고 솟아나는 감정을 알아차린 뒤에는 한 입 먹을 때, 다른 접시의 음식을 덜어 먹을 때 등 여유가 있는 순간에 마인드풀하게 먹도록 하자.

동료와의 대화는 가능하면 식사가 끝난 뒤 한다는 기분으로 식사 중에는 듣는 역할에만 집중하는 것도 좋다. 먹는 스타일이 바뀌면 무슨 일 있냐고 질문을 받을 수도 있겠지만 설명하면 이해해 줄 것이다. 불안이나 걱정은 마인드풀니스와 셀프 컴패션으로 받아들인다.

식사 전이나 식사 후의 대화도 상대의 입장에 서서 이야기를 들어준다. 대화하면서도 '재미있다', '지루하다'와 같은 판단이나 전혀 다른 잡념이 생길 수 있는데, 그것을 '사고'라고 알아차리고 상대의 이야기에 집중한다. 그러면 상대의 이야기가 머릿속에 잘 들어오고 공감하기 수월해 대화하면서 의사소통이 잘 이루어지게 된다.

⑱ 점심 식사 후에는 잠시 산책하러 나간다

점심을 먹고 난 뒤에는 걷기 명상(159쪽)을 실천해 보면 어떨까? 15분 정도 시간을 내서 회사 주변을 걸어보자. 마음에 드는 산책길을 발견하는 재미도 쏠쏠하리라.

⑲ 손가락의 움직임에 감사하며 손을 씻는다

화장실에서도 지금 현재의 감각을 있는 그대로 받아들여 보자.

손을 씻을 때는 천천히 물을 틀어 물이 나오는 소리나 빛을 알아차린다. 세수할 때와 똑같은 요령이다. 천천히 물줄기에 손을 넣고 감각의 변화를 알아차린다. 차가움이나 따뜻함, 기분 좋음, 깨끗해지는 감각이 있을지도 모른다.

'물아, 깨끗하게 해줘서 고마워', '손가락아, 정말 고마워. 오늘도 잘 부탁해' 자비의 마음을 보내본다.

그러면 우리 손가락은 언제나 열심히 움직여준다는 사실을 알아차릴 수 있다.

⑳ 아무것도 하지 않고 잠깐 쉬어본다

일하면서 한 시간에 한 번씩 짧아도 괜찮으니 아무것도 하지 않고 휴식하는 습관을 몸에 익혀보자. 커피를 마시거나 눈을 잠깐 붙이지도 않는다. 아무것도 하지 않는 시간은 신체 감각을 알아차리는 데 집중하고 마인드풀니스와 셀프 컴패션으로 가득 채운다.

몸 전체로 주의를 기울이면서 피로를 알아차렸다면, 그 장소로 자비의 마음을 보낸다. 예를 들어 눈이 피곤하다면 '내 두 눈아, 항상 고마워'라고 자비의 마음을 보내고 미소 지어보자.

혹시 휴식 시간 전에 일하면서 신경 쓰이는 일이 있었다면 호흡 명상과 자비 명상을 5~10분 정도 해보는 것도 좋다. 충분히 안정을 되찾을 때까지 명상 실천을 계속한다.

만약 업무로 인해 전신이 피로한 상태라면 호흡 명상부터 시작해 다음에 소개할 '마인드풀 스트레칭'을 한 뒤, '모두 고마워'라고 자비의 마음을 보내자. 자연스럽게 미소를 되찾게 될 것이다. 바디 스캔 명상(100쪽)을 하는 것도 좋은 방법이다.

마인드풀 스트레칭

피곤할 때나 휴식 시간에는 마인드풀 스트레칭으로 몸의 긴장을 풀어보자.

마인드풀 스트레칭에는 서서 하기와 누워서 하기가 있다. 서서 하기는 직장이나 학교에서 혼자 있을 만한 공간이 있다면 실천할 수 있다. 몸이 굳어 있는 느낌이 들 때 시도해 보자. 운동 전의 스트레칭으로도 이용할 수 있다.

자신이 사용하는 근육의 신체 감각에 주의를 기울여 몸을 움직이거나 운동한다. 텔레비전을 보거나 친구와 대화를 나누면 신체나 근육, 또는 그 움직임에 주의를 기울이기 어려우니 혼자 있는 공간에서 조용한 상태에서 시작해 보자.

○ 서서 하는 마인드풀 스트레칭

1. 다리를 완전히 바닥에 붙이고 서서 무릎을 살짝 구부린다. 체중은 두 다리에 균등하게 싣는다.

2. 팔은 몸 옆쪽에서 힘을 빼고 자연스럽게 바닥으로 늘어뜨린다.

   정면을 바라보며 양손 손바닥은 몸 안쪽을 향하게 하고 천장(혹은 하늘)에 닿을 것처럼 양팔을 천천히 올린다.

이때 깊이 호흡한다.

3. 2~3회 호흡하면서 쉬는 동안, 팔, 손, 손가락, 허벅지
부터 종아리, 발목에서 발끝, 어깨, 등, 목 근육이 늘
어나는 것을 느낀다.

4. 2~3초 동안 이 자세를 유지하다가 숨을 끝까지 내쉬
면서 팔을 원래 위치로 내린다.

5. 2에서 3의 과정을 2~3회 반복한다.

3에서 2~3회 호흡할 때 몸의 감각에 주의를 기울이는
것이 포인트이다.

○ 누운 자세로 하는 마인드풀 스트레칭

1. 팔을 몸 옆쪽에 두고 등은 바닥에 붙이고 천장을 바라
보고 누워 편안한 상태에서 2~3회 깊이 호흡한다.

이때, 당신의 몸이 바닥이나 지면에 닿은 부분에 주의
를 기울이자.

2. 오른쪽 무릎을 천천히 가슴 쪽으로 끌어당긴다.

그동안 왼쪽 다리는 구부리지 않고 그대로 바닥에 붙여
둔다.

오른쪽 무릎을 가슴에 붙일 듯한 자세로 정지하고 천
천히 7회 호흡한 뒤, 오른쪽 다리를 제자리로 되돌린다.

3. 마찬가지로 왼쪽 다리도 똑같이 진행한다. 오른쪽 다

리는 쭉 펴서 바닥에 붙여둔다. 7회 깊이 호흡하고 근
육이 늘어나는 감각에 주의를 기울이는 것을 잊지 않
도록 한다.

㉑ 퇴근길에는 식욕을 잘 살펴 장을 본다

퇴근길의 지하철 플랫폼이나 버스 정류장에서도 출근할 때와
마찬가지로 명상을 할 수 있다.

집으로 돌아갈 때는 저녁거리를 사기 위해 장을 보기도 할 것
이다. 업무로 지치고 배도 고프면 슈퍼마켓에 진열된 반찬이 유
독 맛있어 보인다. 음식을 살펴보면서 자신의 욕구가 변화하는
모습을 관찰한다. 그리고 진짜 먹고 싶은 음식을 발견했을 때,
구매하도록 한다.

일주일에 한 번 정도는 서둘러 장을 볼 게 아니라 진열대에 있
는 음식이나 다른 상품에 자비의 마음을 보내본다. 수많은 물건
의 뒤에 있는 생산자나 자연의 은혜를 알아차릴지도 모른다.

쇼핑 중이나 계산대에 줄 서 있을 때, 다른 손님이나 카운터의
직원을 위해 낯선 사람을 위한 자비 명상을 시도할 수도 있다.

㉒ 5분 동안 가만히 차를 즐긴다

아침 식사(189쪽)와 똑같은 방식으로, 되도록 처음 몇 분은 식

사에 집중하고 먹을 때의 감각을 알아차려 나가자. 일과가 모두 끝난 뒤이니 느긋하게 식사할 수 있을 것이다.

식후에 차를 마신다면 가족과 대화를 잠시 멈추고 5분 동안 함께 조용히 음미할 시간을 설정해 둔다. 즐겨 마시는 차가 우려지는 동안 릴랙스 타임을 온전히 누릴 수 있다.

㉓ 뜨거운 물을 만끽하며 목욕한다

샤워하면서 뜨거운 물이 몸에 닿거나 흐르는 감각을 알아차려 나간다. 몸이 조금씩 데워지며 깨끗해지는 감각이 발생한다. 깨끗해진다는 것은 기쁨이다. 데운 물에서 느껴지는 따스함을 마음껏 누린다.

욕조 속에서는 내 몸에서 걱정되는 부위에 손을 댄 채, '오늘도 고생했어'라고 자비의 마음을 보낸다. 그때 내 몸을 위해 해주고 싶은 일이 떠오를 수도 있다. 가볍게 마사지해보는 건 어떨까? 내 몸이 '고마워'라고 응답할지도 모른다.

마음에 걸리는 일 때문에 잡생각이 들었다면 신체 감각으로 주의를 되돌린다.

㉔ 차분히 수면을 유도한다

피로가 많이 쌓였다면 잠자기 전에 셀프 컴패션 바디 스캔 (100쪽)을 해두면 좋다.

침대나 이불 속으로 평온한 상태로 들어갈 수 있다. 불을 끄고 코에서 오고 가는 공기의 흐름을 알아차리다 보면 어느새 잠에 빠질 것이다.

걱정거리가 머리에서 떠나지 않을 때는 컴패션이 느껴지는 자세(22쪽)를 취해 보자. 2~3회 호흡한 뒤, 손을 가슴에 얹거나 자신을 껴안거나 볼을 손으로 감싼 자세로 호흡 명상을 한다. 이윽고 마음이 차분해지며 졸음이 몰려올 것이다.

만약 '졸리는데, 못 자겠어' 괴로워하는 자신을 알아차렸다면 초조해 하지 말고 우는 아이를 달래듯이 자비의 마음을 보내자.

'내가 안심하기를', '내가 행복해지기를', '내가 괴로움에서 해방되기를' 같은 문구로 자기 자신을 감싸 안은 뒤 호흡 명상을 실천해 본다.

그러면 마음의 평온을 되찾아 잠들 수 있는 상태가 될 것이다.

불면에 시달리는 사람은 고민이 많을 뿐만 아니라, 불규칙한 생활을 하거나, 술이나 카페인을 너무 많이 마시거나, 침대에서 스마트폰을 보는 등 수면에 방해되는 행동을 한다. 이런 행동은 셀프 컴패션과 함께하는 일상생활을 통해 개선할 수 있다.

수면에 집중해서 어떻게든 잠들려고 노력할 게 아니라 이 책에서 소개한 연습을 일상생활에 점차 적용하다 보면 수면의 질도 절로 좋아질 것이다.

오늘 내 마음은 명상

㉕ 온전히 자비롭게 휴일을 보낸다

휴일에는 자기 자신이나 소중한 사람에게 자비를 보낼 시간이 넉넉하다.

뭐든 괜찮으니 휴일을 즐길 만한 활동을 찾아보자. 가족이나 사귀는 사람이 있다면 같이 즐길 수 있는 활동을 추천한다.

가령 테니스를 하는데 도중에 집중력이 떨어졌다면 라켓으로 치는 동작을 알아차리며 '칩니다', (상대를) '봅니다'라고 속으로 외침으로써 다시 의식을 되돌릴 수 있다. 지치기 시작할 때는 일상생활에서와 마찬가지로 자신에게 친절한 마음을 보여준다.

등산은 걷기 명상을 즐길 수 있는 활동이다. 눈에 들어오는 풍경을 있는 그대로 받아들이고 자연과 만나는 사람에게 자비의 마음을 보내며 자기 자신에게도 '행복하기를' 빌면서 걸을 수 있다.

혼자 걷는다면 빨리 걷는 구간을 만들어 조금씩 강도를 높여가며 테니스와 마찬가지로 순간을 표현하면서 명상한다. 체력 단련뿐만 아니라 힘들 때 너그러운 마음을 되찾는 연습도 된다. 등산하다가 혹은 걷다가 나무와 마주쳤다면 명상할 기회이다. 다음에 소개할 '나무를 안는 명상'을 시도해 보도록 하자.

나무를 안는 명상

1. 걷다가 인상적인 나무가 있다면 그 나무 옆에 서보자.

2. 그 나무에 살짝 손을 대본다. 양손을 사용해도 좋다.

   그때 숨을 깊이 들이마시면서 '닿습니다', 내쉬면서 '느낍니다' 마음속으로 되뇐다.

   닿은 감촉, 거기서 솟아나는 감정을 알아차린다.

3. 명상 준비가 되었다면 나무줄기에 뺨을 갖다 댄다.

   나무 냄새가 느껴질지도 모른다.

4. 그다음에는 고개를 들어 나뭇잎을 바라본다.

   숨을 깊이 들이마시고 '잎을 봅니다', '내쉬면서 '느낍니다' 되뇐다.

5. 만약 그런 마음이 든다면 나무를 안아본다.

   숨을 깊이 들이마시면서 '안습니다', 내쉬면서 '느낍니다' 되뇐다.

6. 마지막으로 3회 정도 깊이 호흡한 뒤 마친다.

나무는 보통 배경처럼 느끼기 쉽다. 하지만 가까이 다가가 만져보면 여러 가지를 깨닫게 만든다. 손에 닿은 감촉만이 아니라 늘 그곳에서 우리를 지탱해 주고 있었음을 알아차릴 수 있다. 불평불만 없이 줄곧 그곳에서 숨 쉬고 있었다. 우리가 멋대로 껴안아도 거절하는 법이 없다. 언제나 곁을 지켜주는 믿을 만한 존재이다. 이것은 그 든든함과 너그러움을 느끼는 명상이다.

휴일에는 근사한 음식을 먹거나 미술관이나 영화관에 갈 수도 있다. 한창 휴일을 즐기는 와중에 회사 일이 떠올랐다면 이제까지 연습한 명상을 생활에 적용해 보자. '업무'가 그저 생각에 불과함을 알아차리게 되면 지금 이 순간의 경험을 호기심 왕성하게 즐길 수 있을 터이다.

㉖ 아이와 신나게 어울린다

아이와 함께 놀다가 행복을 느꼈다면 그 자리에서 호흡을 한 번 해보자. 그 순간의 빛, 소리, 냄새의 감각을 알아차리고 행복한 감정을 음미하다 보면, 한결 '행복하다'는 실감이 날 것이다.

놀다가 지치면 나에게도 아이에게도 자비의 마음을 보내자. 피곤해서 쉬고 싶어지는 것은 자연스러운 일이다. 아이가 "왜? 좀 더 놀아요."라고 말할 수도 있으나, 그것이 나쁜 부모의 증거도 그 무엇도 아니다.

자기 비판적인 생각이 떠올랐다면 '생각'이라고 알아차리고 자신에게 친절한 말을 걸어주자.

휴식할 때는 아이에게도 이유를 설명한다. 이해해 주지 않아도 아무 문제 없다. 아이 기분은 솔직하다. 모든 일에는 정도가 있는데 아이는 아직 그것을 모른다.

짜증이 났다면 그것을 알아차리고 셀프 컴패션 연습(19, 22, 40쪽)을 해보자. 잠시 후 기력과 체력이 회복되면 아이와 함께 다시 신나게 어울릴 수 있다.

㉗ 상쾌한 기분으로 반려견과 산책한다

반려견과 하는 산책이 즐겁기만 한 것은 아니다. 비가 내려도 바람이 불어도 날이 추워도 꼭 밖으로 나가야만 하고, 반려동물을 배려하지 않는 사람과 맞닥뜨리면 스트레스가 쌓이기도 한다.

기본적으로는 반려견의 페이스에 맞춰 '○○(반려견의 이름)가 즐겁게 길을 수 있기를' 자비의 문구를 되뇌면서 마인드풀하게 걷자.

배변 처리를 할 때도 마인드풀하게 동작 하나하나를 알아차리면서 짜증 내지 않고 처리한다.

이웃과 마주쳤을 때 자신이나 반려견에게 보내는 따가운 시선을 느낄 수도 있다. 그 감정은 생겨난 감각에 불과하다. 어떠한 증거도 없고 다음 순간에는 곧 사라진다.

오늘 내 마음은 명상

감정이나 사고에 거리를 두고 상대를 보며 '안전하게 걷기를', '행복하기를' 행복을 빌어주고 인사해 보자.

처음에는 용기가 필요하다. 그러나 "안녕하세요."라는 한마디 말로 상대에게 자비의 마음을 전하다 보면 차차 미소로 인사를 건네게 될 것이다.

Chapter 4

나를 배려하는
힘의 차이를 알다

나를 배려하는 일에
뒤따르는 오해

　　셀프 컴패션의 마음 상태를 자존감이나 자기애와 혼동하는 경우가 있다. 자존감이나 자기애는 불안이나 분노와 같은 부정적인 감정으로 이어지기 때문에 좇다 보면 자신에게 해를 끼친다. 자존감이나 자기애를 높여서 얻는 결과와 셀프 컴패션을 높여서 얻는 결과는 전혀 다르다.

　나에 대한 배려라고 하면 스스로를 가엽게 여기는 연민이나 내가 하고 싶은 대로 마음껏 행동하는 응석이 아닐까 하고 회의적인 사람도 있는 듯하다.

　셀프 컴패션은 힘든 일을 겪어도 굳세게 다시 일어설 힘을 주는 긍정적인 특성을 띤다. 오해하기 쉬운 다른 개념과 어떤 차이가 있는지 이해한 다음, 올바른 실천을 위해 구체적으로 차이점을 하나하나 설명하겠다.

자존감은 자기 평가에 기반하는데, 타인에게서 칭찬받거나 다른 사람과 비교하여 능력이 뛰어나다고 생각하면 올라간다. 반대로 타인에게서 좋은 평가를 받지 못하거나 다른 사람과 비교하여 능력이 뒤떨어진다고 생각하면 내려간다.

자존감은 타인의 평가나 타인과의 비교를 통해 오르락내리락하기 때문에 비교적 불안정하다. 높은 상태를 유지하려면 타인의 평가나 자신의 상대적인 능력을 높게 유지해야만 한다.

사회적으로 성공하면 순간적으로 자존감은 올라가겠지만, 다음 순간에는 '다음에 지면 어쩌지', '다음 분기에는 실적이 떨어질지도 몰라'처럼 자존감을 유지할 수 없을지도 모른다는 불안이 커진다. 따라서 높은 자존감에 가치를 두면 그 상태를 유지하기 위한 끊임없는 노력을 강요당하게 된다.

유지가 잘 되면 다행이지만, 그렇지 않을 때는 끝없이 노력해야 하는 상황에 지치거나, 나쁜 평가를 받고 몹시 좌절하거나, 좋게 봐주지 않는 타인과 사회를 원망하게 된다.

부모와 교사는 대개 자신감이 넘치는 아이로 성장하기를 바란다. 자신감을 얻은 순간은 매우 만족스럽다. 그러나 상황은 대부분 금세 바뀌고 자존감은 흔들리기 쉬운 불안정한 성질을 갖는다.

근거 없는 자존감이 높다는 건 자기애 경향이 강한 거라고 해석할 수 있다. 자기애가 강한 사람은 자신의 실적이나 능력을

오늘 내 마음은 명상

다른 사람보다도 뛰어나다는 식으로 과대평가하여 높은 자존감을 유지한다. 자신의 평판에 조금이라도 흠이 생기는 것을 두려워한다. 타인의 평가를 의식하고 자신을 인정해 주지 않는 사람을 경멸하거나 공격한다.

게다가 자기애가 강한 사람은 나쁜 평가에 귀 기울이지 않고 무시하려고 애쓴다. 힘을 과시하기 위해서 과도하게 자기주장을 펼치거나 위대한 사람인 척하거나 특별 취급을 바라는 경우가 있는데, 그 배경에는 인정받지 못할 수도 있다는 강한 두려움이 숨어 있다.

그런 두려움은 유소년기에 매몰찬 비판 속에서 자랐거나, 과한 칭찬에 둘러싸여 응석받이로 자랐거나 하는 성장 과정에서 기인한다.

부모와 교사는 아이 성장에 칭찬이 약이라고 생각해 아이가 열심히 하지 않았는데도 과장된 칭찬을 늘어놓곤 한다. 과한 칭찬은 아이가 굉장한 일을 해낸 듯한 기분에 빠지게 만들어 현실 이상으로 과잉된 자존감, 즉 자기애 경향을 띠게 만든다.

근거 없는 자신감은 무너지기 쉽고 작은 평가에도 민감하다. 자신을 지키기 위해서 부정적인 평가를 귀담아듣지 않거나 평가자를 공격하기도 한다.

자존감과 자기애는 타인의 평가나 타인과의 비교에서 유발되는 불안정한 심리 상태에 기반한다. 애초에 타인의 평가 자체가 불안정한 것인데 그것에 의존하면 우리의 마음도 당연히 불안정해진다.

아무리 좋아 봤자 사람 마음은 결국 상상할 수밖에 없고 진짜 평가가 어떤지는 알 도리가 없다. 가령 대단한 사람에게 칭찬받았다 해도, 그 사람이 다음에도 칭찬해 주리라는 보장은 어디에도 없다. 또, 다른 사람은 별로라며 비판할지도 모를 일이다.

타인의 평가나 타인과의 능력 비교가 타당한지 아닌지는 확인할 방법도, 확신할 길도 없으니 마음은 이리저리 방황만 한다.

셀프 컴패션 실천에서는 일단 타인의 평가를 불안하게 생각하는 마음을 인정한다. 마인드풀니스 호흡 명상(49쪽)으로 떠오른 생각을 알아차리고, 거리를 두고 관찰한다. 그 순간에 알아차린 감각은 다음 순간에 발생하는 감각과 다르고, 자세히 살펴보면 완전히 같은 감각은 어디에도 없다.

달리 말하면 인간의 감각, 감정, 사고는 불안정하다. 그 현실을 호흡 명상을 통해 받아들여 나간다.

실패를 겪었거나 타인과의 비교에 지쳤다면 나에게 친절한 말을 건네어보자. 나를 소중히 부드럽게 대해 본다. 자신의 부정적인 부분을 너무 의식하지 않고, 나의 좋은 점, 내가 노력해 온 점에도 주의를 기울여 고스란히 인정해 주도록 한다.

'타인의 부정적 평가'는 단지 사고의 하나에 불과하며, 자신의 가치나 강점, 이제껏 이룬 일이 남아 있다는 점을 알아차린다. 타인의 평가에 좌우되지 않는 자기 긍정감이 얻어진다.

마음이 안정되었다면 타인도 나처럼 평가나 비교로 괴로워한다는 사실에 의식을 돌려본다. 평가자나 뛰어난 비교 상대에게 거리감이나 두려움을 느꼈을 테지만, 자신과의 공통성을 의식하면 조금은 친근하게 다가설 수 있다.

타인과의 유대감을 회복하면 서로 도움을 주고받은 일에 대한 감사나 기쁨을 떠올릴 수 있다.

자기 연민에
빠져 있다면

　　자신에게 너그러워지라고 하면 스스로를 불쌍히 여기고 슬픔에 잠긴 자신을 연민하는 모습을 떠올리는 사람이 간혹 있다. 열과 성의를 다했던 일이 잘 안 풀렸을 때 자신을 불행하다, 불쌍하다고 여겼던 적 있지 않은가? 실패나 피해가 막대하기라도 하면 뒷걸음질 치며 나도 피해자라고 현실에서 도망칠 준비를 한다.

　이렇듯 자신의 잘못된 부분을 남 탓, 운 탓하며 자신이 너무 애처로워서 아무것도 못 하는 상태를 자기 연민self-pity이라고 한다.

　자기 연민 상태에 빠지면 현실을 회피하고 자신의 책임이 아닌 척 가장한다. 예컨대 실제 사건보다 과장된 표현으로 친구의 위로를 얻음으로써 자신의 부정적인 부분을 외면하려고 한다.

　　　　　　　　오늘 내 마음은 명상

친구가 "이건 고치는 편이 좋아." 현실적으로 조언한들 받아들이지 못한다. 오히려 발끈하거나 무시하며 그 친구를 멀리한다.

슬픔을 위로받기 위해 달콤한 말을 해주는 사람을 찾아다니고, 친한 친구에게 이따금 고민을 털어놓으며, 유명 상담 센터에 정기적으로 문을 두드리기도 한다. 그럼에도 채워지지 않는 욕구에 절망한다.

자기 연민은 자신이 책임져야 할 부분이나 개선해야 할 점을 외면하고 반성을 통해 성장할 기회를 놓친 채, 과거의 안 좋은 기억이 떠오를 때마다 혼자서 비통해한 결과이다.

셀프 컴패션은 자신의 부정적인 부분마저 수용하고 친절한 마음을 보이는 마음가짐이며, 삶을 돌이켜보게 하고 나를 위하는 자연스러운 마음에 따라 행동하도록 동기를 부여한다.

친구의 쓴소리에도 귀를 기울이고, 있는 그대로 받아들이고, 잘못된 점은 솔직하게 사과하고, 능력이 부족할 때는 노력하도록 뒷받침하는 것이 셀프 컴패션이다. 이런 면에서 비탄에 잠겨 고립을 자초하는 자기 연민과는 다르다. 오히려 자기 연민에 빠진 사람이야말로 셀프 컴패션이 필요하다.

자기 연민은 말하자면 셀프 컴패션이 텅 비어 있는 상태이다. 동정표를 얻기 위해 나는 피해자이자 희생자에 불과하고, 나는 지은 죄가 없다며 호소하며 한탄하기에 바쁘다. 그 이면에는 이제껏 부모나 주변 사람에게 사랑받지 못해서 생긴 사랑을 갈구

하는 욕구가 숨어 있다.

　내가 괴롭고 힘들 때, 나는 다른 사람이 베푸는 호의를 받을 가치가 없다거나 스스로를 사랑받을 가치가 없는 존재라고 여기면, 타인과의 대화 속에서도 비극의 주인공이 될 수밖에 없다. 고민을 나눌 상대를 만나도 "어차피 나는 이런 취급밖에 못 받아", "아무도 내 얘기를 진지하게 듣지 않아."라며 타인이 자신을 대하는 방식에 대한 불평을 늘어놓아 상대방이 그래도 자신을 사랑해 주는지 부단히 확인한다.

　'난 소중한 존재가 아니야. 내가 원해도 얻지 못할 거야'라는 두려움을 안고 타인에게 컴패션을 받기 위해서 비극적인 사건을 겪은 듯이 이야기를 늘어놓고는 한다.

이혼을 계기로 우울증에 걸린 H

• • •

　이쯤에서 사례를 하나 살펴보겠다. 이혼 후에 우울증에 걸린 50대 H도 셀프 컴패션으로 기운을 되찾은 한 사람이다.

　H는 어린 시절부터 여동생만 사랑받는 것 같아 늘 외로웠다. 다른 사람에게 미움받지 않으려고 집에서도 학교에서도 다른 사람의 기분을 먼저 챙겼으나 또래 친구 사귀기는 여전히 어려

오늘 내 마음은 명상

웠다.

결혼하고 전업주부로서 3명의 아이를 키웠지만, 남편에 대한 불만은 점점 쌓여만 갔다. 막내가 대학에 가고 여유가 생기자 '난 사랑받지 못했어, 아이들은 사랑하지만, 나는 불행해'라는 생각으로 머리가 복잡해 잠을 이룰 수가 없었다.

'인생 헛살았어. 아무도 날 돌봐주지 않잖아'

절망감은 만성적으로 이어져 그런 마음을 툭하면 남편에게 하소연했다. 남편은 잠자코 들어주긴 했지만, H가 "이제 이혼밖에 없어" 번번이 말했던 터라 결국 이혼까지 하게 되었다. H는 이혼만 하면 다 해결될 줄 알았는데, 이상하게 마음이 더 답답해지고 불면증이 심해졌다. 끝내 우울증 진단을 받아 치료를 받게 되었다.

H는 남편에게 원망과 슬픔을 토로하면서 무의식적으로 채워지지 않던 애정을 보상받았다. 그러나 계속된 불평불만에 남편도 결국 포기하고 이혼에 이르게 된 것이다. H에게는 다른 사람의 마음을 먼저 챙기는 자기희생적 경향이 있었다. 자기희생적인 사람은 주위에서 보면 다른 사람을 위하는 마냥 좋은 사람으로 비칠 수 있다. 그렇지만 H처럼 자신을 사랑하지 못하고 타인도 완전히 신뢰하지 못하면서 미움받지 않기 위해 발버둥 치는 사람일지도 모른다. H는 남편을 믿고 불만을 터뜨렸으나 자신에게는 컴패션을 베풀지 못했다. 그 결과 자기 연민에서 빠져나

오지 못하고 우울증에 걸렸다.

진심으로 자신을 생각하는 마음이 없으면 나에게 친절하기란 쉽지 않다. 자신의 좋은 점이 떠오르지 않을뿐더러 자신과 관련된 이미지를 떠올리는 것만으로 혐오감이나 오한, 플래시백 현상을 일으킬 수도 있다. 자기혐오에 빠지면 나에게 친절한 마음을 가지려고 해도 도리어 강한 부정적 반응이 일어난다.

셀프 컴패션 연습을 시도했으나 몸의 떨림이 멈추지 않아 두 번 다시 하고 싶지 않다는 사람도 있다. 자신을 사랑하는 마음＝셀프 컴패션이 텅 비어 있는 상태이기 때문이다. 셀프 컴패션의 공백을 채우려면 조건 없이 '싫은 나 자신'을 받아들이고 몸의 떨림마저 받아들이는 수밖에 없다. 이를 위해 다양한 연습과 명상 실천이 있는 것이다.

H는 부정적 감정에 마주하는 마인드풀니스 명상과 셀프 컴패션 연습을 실천하여 자기 연민에서 탈출했다. 자기 연민으로 괴로우면 떨림이나 추위 등 부정적인 신체 변화를 느낄 수 있다. 또 절망감이나 비탄 등 강한 부정적 감정을 알아차리는 순간이 찾아오기도 한다. H도 그러한 부정적인 감각과 감정을 '힘든 상황', '최악의 상태'라고 판단해 기분을 바꾸려고 텔레비전을 보거나 원인을 찾겠다고 책을 읽으며 고민했었다.

H는 일단 마인드풀니스 명상 지도를 받기로 했다. 처음에는 '떨림'이나 '절망감'을 '환대'하는 마음으로 받아들이라는 말을

듣고 당황했다. 그런데 몇 번인가 시도해 보니 받아들이는 편이 생각보다 편안하다는 것을 깨달아 계속하기로 마음먹었다.

명상을 하면 여러 가지 감정이 올라온다. H는 불안해하는 자신을 알아차렸다. 그리고 셀프 컴패션 연습 중에 '나를 안아주다(19쪽)'를 실천해 보았다.

괴로워하는 어린 시절의 내가 울고 있는 모습이 그려져 초반에는 동요했다. 하지만 천천히 진심으로 '불안하구나' 말해주며 괴로움을 느끼는 자기 자신을 안아주었다. 숨을 들이마시며 고통을 알아차리고 숨을 내쉬며 그 고통을 안아주는 명상 실천을 이어갔다.

'내면 아이 치유(149쪽)'도 시도했다. '아무리 애써도 사랑받지 못해서 슬펐구나. 괜찮아. 내가 있잖아. 어떤 마음이었는지 이야기해줘'라고 자기 자신에게 이야기하며 안아주는 모습을 그려보았다. 그러자 슬퍼하는 자기 자신이 다가와 슬픈 일, 화나는 일, 이해받고 싶은 일을 말해주었다. 어린 시절의 내가 이렇게 생각하고 견뎠구나, 채워지지 못한 애정이 있다는 것을 드디어 이해하게 되었다.

H는 자신을 위한 친절의 말이 절로 떠올랐다. '얘기해줘서 고마워. 잘 알았어. 사랑받지 못한다고 생각해서 이렇게 괴로웠던 거구나. 네 마음의 상처가 치유되기를. 기쁨과 행복을 느낄 수 있기를'

따뜻한 말을 건네고 상상 속에서 어린 시절의 자신을 한 번 더 꽉 안아주었다. 그때 처음으로 자신이 괴로워하던 일을 있는 그 대로 들어주는 감각을 경험했다. H는 명상 실천을 계속하면서 안도감을 얻게 되었고, 기분이 안정되어 긍정적인 마음가짐을 되찾게 되었다.

오늘 내 마음은 명상

심한 스트레스로 상처받은
자신을 위로하고 싶다면

내가 마음 내키는 대로 하는 행위도 셀프 컴패션에 들어간다고 생각하는 사람이 있다. 고생을 겪고 나면 자신에게 어떤 보상을 하기도 한다. 만약 힘겨운 상황을 받아들인 뒤, 나에 대한 보상 차원에서 진짜 원하던 무언가를 주었다면 그것은 셀프 컴패션으로 벌어진 일이다. 하지만 보상을 가장한 응석도 있다. 응석은 노력이나 성취와는 무관하여 한도 끝도 없다.

'기분이 좋아서', '스트레스 해소를 위해', '기분 전환하려고' 같은 이유를 들어 단기적인 시점에서 일을 벌이다가, 뒤돌아 생각해 보니 나를 위한 일이 아니었음을 깨닫기도 한다.

충동적인 행동은 즐겁겠지만, 그 시간이 끝나면 꼭 해야만 하는 일이나 서글픈 현실이 기다린다. 그러면 다시 달콤한 시간으로 현실을 감추고 얼렁뚱땅 넘어가려 응석 부리는 행동을 반복한다.

셀프 컴패션을 높이면 자비로운 부모처럼 자신에게 가장 적절한 방식으로 보상할 수 있다. 자비심이 깊은 부모는 아이를 생각해서 적당한 칭찬과 기쁨을 체험하게 하는 존재이다. 자기 자신이 자비심이 깊은 부모가 되는 것이 셀프 컴패션의 실천이다.

심한 스트레스를 받아 상처받은 자신을 위로하고 싶어 한다고 가정해 보자. 무작정 좋아하는 물건이나 음식을 사기 위해 쇼핑을 하러 가면 충동구매를 할 수도 있다. 그러니 쇼핑 전 마인드풀 호흡을 하면서 10분간 걸어보자. 어느새 강한 욕구는 사라지고 자신에게 가장 좋은 판단을 하게 된다.

만약 깊은 슬픔에서 헤어나오지 못하고 있다면, 달콤한 케이크를 먹기보다 차분히 감정을 받아들이는 셀프 컴패션 시간부터 마련하는 편이 훨씬 현명한 선택일 것이다.

업무 스트레스를 파친코장에서 푸는 I

· · ·

도박 중독 진단을 받은 30대 남성 I도 셀프 컴패션으로 구원

받은 한 사람이다. 스트레스에 한참 시달리던 때 퇴근길 무심코 들른 파친코장에서 I는 크게 한몫을 잡았다. 그 후로 시간이 날 때마다 스트레스 해소라는 명분으로 파친코장에 다니기 시작했다. 서서히 돈을 잃는 날이 늘어나더니 어느새 모은 돈을 완전히 탕진해 버렸다.

'한심해. 내가 또 하면 사람이 아냐. 근데 진짜 마지막이야. 크게 한탕 해서 만회는 해야지'라는 생각에 본전이라도 건지겠다고 빚까지 지면서 파친코장을 계속 드나들었다. 이쯤 되니 회사 근무 시간에도 돈을 구하는 일로 머릿속이 꽉 차 실수가 눈에 띄게 늘었다. 방황하는 모습을 지켜본 직장 상사가 I를 불러 고민을 들어주었고 전문가와의 상담을 권유했다. 그렇게 받게 된 상담 끝에 셀프 컴패션 연습을 시작하기로 했다.

I는 욕구에 지배된 자신의 마음 작용을 알게 되었고, 자신이 하는 일에 대한 감정이나 생각을 판단하지 않으며 주의를 기울여보았다. 명상이 생각대로 안 풀리니 금세 재밌는 일을 찾고, 맛있는 음식이나 먹자고 생각하는 습관이 있음을 알아차렸다. 즐거운 이미지는 스트레스 해소법의 하나이지만 쾌감을 추구하는 마음을 지나치게 강화하는 결과를 낳는다.

I는 이러한 생각을 있는 그대로 그저 '생각'이라고 알아차리기를 반복했다. 그러자 욕구를 부풀리는 일 없이 미소로 '그랬구나. 즐거워 보인다. 하지만 난 내가 소중하니까 안 할래' 자신

에게 너그러운 마음을 보낼 수 있었다.

알고 보니 업무에 대해서도 '어쩔 수 없이'라는 마음이 컸고, '피곤해', '하기 싫어', '잘 안될 것 같아'와 같은 부정적인 감정을 잊는 편이 낫다고 생각해 파친코장에 다녔던 것이었다. 이러한 감정이나 사고도 있는 그대로 알아차리고 '피곤했구나. 그럼 좀 쉬어볼까'라는 말을 전했다.

I는 연습을 수행하다 보니 업무에 대한 스트레스가 줄고 도박하고 싶은 욕구가 사그라드는 것을 알아차렸다. 그때까지는 자신을 '쓸모없는 인간'이라고 밖에 생각하지 않았는데, 비슷한 고통을 안고 살아가는 다른 사람을 상상함으로써 '나처럼 나약하고 힘들어하는 사람이 많구나'라는 것을 인식했고 '그 사람들도 어떻게든 어려운 상황에서 벗어나려 애쓰는구나'라는 생각이 들자 연결된 느낌을 의식할 수 있었다. 그리고 자신에게도 '빚은 차근차근 갚자. 이렇게 강해지는 거야' 하고 격려의 말을 전할 수 있었다.

이 실천을 마칠 즈음에는 '보람 있는 일이었는데 동료에게 뒤처진다는 생각에 그 마음을 달래려고 파친코에 갔던 거구나'라는 통찰도 얻었다. 자신의 상처받기 쉬운 상황이나 일어나는 감정이 이해되었고 거기서 어떻게든 대처해 보겠다고 도박에 빠지게 된 경위가 명료해졌다. 똑같은 상황이 반복되더라도 욕구에 끌려다니지 않고 자신을 통제할 수 있을 것 같은 기분이

오늘 내 마음은 명상

들었다.

셀프 컴패션으로 인해 I는 긍정적인 자세로 일에 집중하게 되었다. 이처럼 셀프 컴패션은 '무분별한 허용'으로 인해 발생한 도박 중독처럼 충동 조절 장애에도 효과가 있다.

친절하다고
나약한 것은 아니다

　　자신에게 친절한 것을 나약한 인간의 특성이라고 여기는 사람이 있다. 특히 남성은 친절에 가치를 두는 사람이 많지 않다. 대부분 남성은 남성성을 존중하도록 교육을 받아서인지 자신의 취약함은 무시한 채, 다른 사람보다 뛰어난 부분을 발전시켜 자존감을 높이는 성장 모델을 가진다. 남성성이 높은 사람은 어려운 상황에서도 약한 소리 내뱉지 않고 이를 악물고 일어설 것을 지향하는 경향이 있다.

　　그러나 오직 승리한다는 생각으로 일이나 운동에 뛰어들면 자신을 비판적으로 보게 되고 정서가 불안정해진다. 실패할지도 모른다는 우려가 머리에서 떠나지 않아 쓸데없이 경쟁자를 의식하거나 부정적인 일만 생각하니, 그 안에서 새로운 발상이나 대응이 떠오를 리가 없다. 결정적 순간조차도 부정적인 생각에 사로잡혀 일을 그르치고 만다.

'나에게 친절 따위 필요 없어'라고 생각하는 사람은 타인이 주는 도움도 거절하기 일쑤니, 주위의 협력을 얻지 못해 한 번 쓰러지면 다시 일어서기 어렵다.

회사 일이나 스포츠 같은 경쟁 사회에서는 엄격한 자기 관리만이 승리를 쟁취할 수 있다는 사고방식을 당연한 듯이 가르쳤지만 도리어 스트레스에 약한 인간으로 성장시킬 뿐이다.

강한 척하는
나를 알아차리다

아내에게 이혼 선언 당한 J

· · ·

부부 사이가 원만하다고 생각했던 35세 회사원 J는 아내가 느닷없이 이혼을 선언해 충격을 받았다. '일 때문에 대화할 시간조차 없다'라는 이른바 너무 바쁘다는 이유에서였다.

막상 대화를 나눠보니, 따로 좋아하는 사람이 생겨서 이혼하고 싶다는 이야기였다. '아내가 이렇게까지 말하는데 좋게 좋게 헤어지자' 그런 마음에 질질 끌지 않고 이혼 도장을 찍었다.

내심 조금 후회를 했지만, 이런 일로 기죽을 내가 아니란 생각에 일에 집중했다. 하지만 혼자 있는 방으로 돌아오면 왠지 처량해서 눈물이 났다.

오늘 내 마음은 명상

'이러면 안 돼'라며 일에 몰두했지만, 야근 금지 방침 때문에 남는 시간을 어쩔 줄 모르다가 운동도 해보고, 술도 마셔보고, 게임이나 영화로 시간을 때워보기도 했다.

기운이 조금 없어 보였는지 친구가 괜찮냐고 걱정해 주었지만 "그럴 리가, 진짜 너무 좋아! 싱글 생활 최고야."라고 마음에도 없는 소리를 했다. 하지만 집에 돌아갈 때마다 마음이 울적해져 잠도 오지 않았다.

J는 강해지고 싶고 행복해지고 싶다고 생각하며 일을 하는, 지극히 자연스러운 욕구를 가진 사람이다. 별안간 타인에게서 가장 사랑하는 사람을 빼앗기고 이혼까지 한 괴로운 상황에서도 나약한 내가 아닌 강한 나로 돌아가려 했다. 그렇지만 마음을 달래기 위해 했던 활동은 자신을 위한 일이 아니었다. 자신의 마음을 솔직하게 말하지 못했고 오히려 억눌린 나날이 이어져 심신이 언제까지 버텨줄지 알 수 없는 상태였다.

강해 보이고 싶어 하는 사람은 자신에게 엄격하고 절대 우는 소리 내지 말자는 생각 탓에 오히려 스트레스에 취약하다.

진정 강인한 사람은 힘들 때 "힘들어."라고 말할 수 있는 사람이다. 자신에게 중요한 시점에 실패한다 해도 스스로를 격려하고 노력을 멈추지 않을 수 있다면, 그 경험을 바탕으로 다른 사람도 너그럽게 도울 수 있다.

J는 셀프 컴패션 실천으로 자신의 사고에 주의를 기울였고

'아내를 다른 사람에게 뺏겨서 서글프고 한심해. 나 같은 건 아무 가치도 없어'라고 생각한다는 걸 처음으로 알아차렸다. 이혼의 원인이 자신에게 있다고 자책하고 있던 것이다.

울고 있는 자신, 화내고 있는 자신, 혼자라서 우울한 자신에게 거듭 '네 탓이 아니야. 괜찮아. 앞으로 쭉 네 곁에 있을게' 말을 건네고 자신의 이미지를 안아주었더니 드디어 자신의 진심이 들려왔다.

평소라면 듣지 않았겠지만, 그때는 자비를 품은 자기 자신이 되어 친절한 마음이 가득했기 때문에 이야기를 들어보려는 마음이 생겼다.

진실은 이러했다. 사실은 여전히 아내를 사랑하며, 자신을 이해해 주길 바라는 마음이 있었다고 했다. 또, 친구에게 솔직하게 고민을 털어놓고 싶기도 하고, 퇴근 후에 밖에서 방황하는 것도 그만두고 싶다고 했다. J는 자신의 기분을 솔직하게 표현해 보았다.

가장 먼저 아내에게 편지를 썼다. 편지는 아내에게 보내려는 것이 아니라 전하고 싶은 말을 정리하기 위해 쓰는 것이었다. 그러고 나서 자기 자신에게도 편지를 썼다. 자신의 마음을 받아들여 친절한 말로 앞으로의 삶을 응원하겠다는 내용을 담았다.

편지를 쓰면서 자신의 마음을 받아들인 뒤 그다음에는 진짜 자신의 마음을 친구에게 털어놓아 보았다. 친구는 조용히 고개를 끄덕이면서 이야기를 들어주었다. J는 갑자기 눈물이 쏟아져 부끄러웠지만, 마음이 따스해졌다.

비단 자신뿐만 아니라 같은 일로 괴로워하는 사람들이 있다고 생각하니 아내와 아내를 빼앗은 남자에게 품었던 원망은 사라지고 오히려 행복을 바라는 마음만 남았다. 그 마음을 전하기 위해 아내에게 한 번 더 편지를 썼다. 편지는 언젠가 보낼 참이다.

J는 점차 생기를 되찾았고 자신을 지지해준 사람들에게 감사를 느끼며 다시 누군가를 사랑하게 되리라는 예감이 들었다. 집에 돌아오면 찾아왔던 강한 외로움은 어느새 희미해졌고 밤에도 평온하게 잠들게 되었다.

셀프 컴패션을 실천하다 보면 이제까지 이야기한 것 이외에도 여러 가지 의문이 떠오르게 된다. 그럴 땐 어떻게 받아들여야 하는지 그 방법을 소개하겠다.

악영향도 있다

• • •

방법이 틀리면 결과가 좋지 않을 수 있다. 셀프 컴패션을 불쾌한 감각에서 도망치기 위해 실천하면 '불쾌감이 사라지지 않는다'는 생각에 더 불쾌해진다. 불쾌한 감각은 없애려 해도 순식간에 다시 발생하기 때문이다.

기분 좋은 감정도, 불쾌한 감정도, 모두 있는 그대로 친절한 마음으로 받아들여야지 어떤 목적을 가지고 실천하면 역효과를 불러일으킨다.

처음인데 너무 잘했다

셀프 컴패션만이 아니라 어떤 경험이든 처음이 가장 흥분되는 특성이 있다. '나를 꽉 안아주기' 연습에서 느낀 따뜻함은 다음에 실천했을 때는 그 느낌이 바뀐다. 좀 더 따뜻할 수도, 별반 다르지 않을 수도, 아무것도 느끼지 않을 수도 있다.

애초에 감각이란 계속 변화하기 때문에 기대대로 돌아가지 않는 것이 세상의 이치이다. 어떤 실천도 '이것이 정답', '이 상태가 최고'라 할 수 있는 상태는 없다. 그러니까 '잘했다'는 생각이 들면 그 순간의 기쁨을 음미하자. 다음 실천에서도 다시 처음이라는 기분으로 일어나는 감각을 즐겨보자. '잘 안 풀린

오늘 내 마음은 명상

다'고 느껴도 그것을 알아차렸음에 기뻐하자.

나에게는 맞지 않는다

무언가가 자신에게 잘 맞는지 아닌지는 직접 해보지 않으면 모른다. 어떤 일로 힘들어하면서도(이 책을 읽고 있는데도), 이 실천을 하기 싫은 것은 강한 나로 남고 싶은 마음과 반대되는 일이라 그럴지도 모른다. J의 사례를 떠올려보자.

'재미없어'라고 생각하는 건, 기대만큼의 결과가 나오지 않아서이다. 기대하지 말고 무언가를 느끼려고도 하지 말고 느긋하게 시도해 보자.

셀프 컴패션이
마인드풀니스와 다른 점

지금까지 셀프 컴패션의 개념과 실천에 관해 설명했다. 그중에 반드시라고 말해도 좋을 정도로 마인드풀니스가 자주 등장했음을 알아차린 독자도 있을 것이다. 이 둘은 서로 다른 개념으로 셀프 컴패션이 지금 현재의 감각, 감정, 사고에 친절한 마음을 보이는 것이라면, 마인드풀니스는 그것을 받아들이는 깃을 강조한다.

하지만 셀프 컴패션도 경험을 수정하거나 억제하는 것이 아니라 받아들이는 것을 전제로 하기 때문에, 셀프 컴패션을 높이려면 마인드풀니스가 꼭 필요하다.

한편, 마인드풀니스를 실천하면서 배려나 자비를 느끼는 요소도 있으니 이 실천에도 컴패션이 포함되어 있다고 해석할 수 있다. 마인드풀니스를 알아차리는 것이라고 정의한다면, 컴패

오늘 내 마음은 명상

션은 알아차림의 대상이니까 주체라고도, 객체라고도 해석할 수 있다. 어찌 됐든 이 두 개념은 수레바퀴가 맞물려 나가듯 함께 실천을 수행해야 한다.

마인드풀니스에 주목한 심리 요법이나 개입 프로그램이 행복감을 높이고 리더십을 키운다는 효과가 알려져 관심을 끌고 있다. 프롤로그에서도 언급했듯이 몇 년 전 구글에서 도입한 마인드풀니스 실천을 적용한 SIYSearch inside yourself(너의 내면을 검색하라-옮긴이) 프로그램은 세간에 널리 알려졌다. 원래 SIY는 구글 사내에서 개발한 감성 지능 강화 프로그램이다. 주의력 훈련으로서 마인드풀니스를 반영하였고, 타인에 대한 컴패션을 높이기 위해 자비의 명상을 적용하였다. 이 프로그램은 회사 내부의 원만한 인간관계와 서로에 대한 배려가 회사 전체의 생산성을 높인다는 생각을 근거 삼아 개발되었다고 한다.

마인드풀니스 실천을 통해 자신의 감정이나 생각을 받아들이는 자기 수용 역량을 키울 뿐만 아니라, 컴패션의 실천으로 팀 내 구성원을 소중히 대하고 상호 이해를 증진하는 목적이 있었다. SIY의 과학적 근거는 내가 아는 한 없지만, 그 목적 자체에는 크게 공감한다.

SIY의 고안자인 전 구글 엔지니어 차드 멍 탄은 불교 명상 경험자로 교육 과정 안에 선승의 이야기를 자주 인용하는 등 마인드풀니스를 악용하려는 의도는 없어 보인다. 다만, SIY 같은 프로그램이 '구글에서 사용되었다'는 이유로 유명해졌을 때, 마인드풀니스가 '비즈니스에서 쓸 만하다'라고 표면적으로 이해되고 전파되어 의도적으로 악용될 가능성이 있다는 지적을 받기도 했다. 이를테면 회사가 큰 이익을 얻기 위한 수단으로 직원을 이용하려고 도입한다든지, 군인을 뛰어난 저격수로 만들기 위해 훈련에 넣는다든지 하는 케이스이다. 이것은 최종적으로 더 강한 스트레스를 주는 꼴이라, 결과적으로 회사나 국가를 위기로 몰고 갈 수도 있다.

'비즈니스 활용'이라는 목적을 내건 시점에 이미 마인드풀니스 실천의 기본인 모든 생명과 일체화하여 다투지 않는다는 자세와는 멀어진다. 마인드풀니스는 누군가를 쓰러뜨려 이기거나 앞지르기 위한 수단이 아니다. 괴로움을 괴로움이라 알아차리고, 나 자신의 행복과 공동체로서 타인과 함께 행복을 유지해 나가기 위한 것이다.

내 마음을 속이기 위해, 이득을 얻기 위해 이용하라는 말을 들었거나 그런 생각을 했다면, 나도 모르는 사이에 또다시 고통과 번뇌의 세계로 빨려 들어가고 만다. 피상적인 마인드풀니스로 집중력이 잠깐 좋아졌다 해도 승리에 도취된 모습 뒤에 기다리는 건 그보다 더한 고통이다.

안타깝게도 그냥 넘기기 힘든 욕구와 유혹이 넘쳐나는 곳이 우리가 사는 세상이다. 피할 수 없다면 자신의 욕구를 있는 그대로 알아차리고 자신에게 컴패션을 보내자. '내가 욕망의 덫에 걸리지 않기를' 기원하고 담담한 미소로 나쁜 욕구의 달콤한 유혹을 흘려보내자.

순간적인 유혹에 휘말리지 않고 내면의 평온을 지킬 수 있도록 자신을 소중히 여기기를 바란다.

자비 명상과
마인드풀니스 명상

커쉬너Hans Kirschner. 박사 연구팀은 셀프 컴패션의 자비 명상과 마인드풀니스 명상으로 얻는 효과의 차이점에 대해 조사했다.

명상 중 심박과 발한을 측정해 보았는데, 자비 명상이 마인드풀니스 명상보다 심박의 변동이나 발한이 적다는 것을 확인할 수 있었다. 즉, 자비 명상이 마인드풀니스 명상보다 긴장 완화 효과가 있다는 것을 밝혀냈다.

자비 명상을 실천하면 마음이 따뜻해지고 긴장감이 누그러진다는 감상을 많은 사람에게서 들은 적이 있다. 한편, 마인드풀

•   Hans Kirschner: 한스 커쉬너: 심리학자

오늘 내 마음은 명상

니스 명상은 머리가 가뿐해졌다 같은 평정심에 관련된 감상이 많았다.

이 같은 연구는 주관적 체험을 과학적으로 입증한 사례라고 할 수 있다.

Chapter 5

평온하고 너그럽게
진심으로 살아가다

일하면서 겪는
고통과 괴로움

일을 하면서 겪는 괴로운 감정은 크게 불안·긴장, 질투·시기, 혐오·권태로 분류할 수 있다.

이러한 감정을 느끼면 일에 집중하려고 해도 '그 친구는 없는 편이 나아', '그 사람은 안 왔으면 좋겠어', '그 상사 진짜 지독해', '그 후배는 이해가 안 가', '그 남자 재미없어'와 같은 생각으로 방해를 받는다.

부정적인 생각이 부정적인 감정을 낳는다. 그것이 만성화되면 몸과 마음의 문제로 드러나기 시작한다. 스트레스가 쌓이면 초반에는 왜인지 모르게 언짢고 힘들고 쉽게 지치는 증상으로 나타난다.

증상이 아직 가벼울 때는 핑계 같아서 하소연은커녕 다른 사람에게 입도 뻥긋 못하겠노라고 느끼기도 한다. 하지만 답답한 심정을 회사 상담실이나 가족에게 의논하는 것도 하나의 방법이다. 심리 상담을 통해 해결되는 문제도 적지 않기 때문이다.

한편, 셀프 컴패션을 높이면 심신이 편안해진다. 자신이 어떤 상황과 감정으로 괴로운지 명확히 알고 그 인과관계를 이해하면 마음은 차차 진정되기 마련이다.

그래서 마인드풀니스와 자비 명상을 실천하는 것이다. 이것은 자신의 '~하고 싶다'라는 욕구와 욕구 불만, 일어나는 감정의 관계를 받아들이는 과정이다.

사람을 만날 때
불안이나 긴장을 느낀다면

- 초면인 사람을 만난다
- 전화를 받거나 건다
- 메일 송수신
- 불편한 사람과 함께 일한다
- 프레젠테이션

이를테면 여기에 예시로 든 상황에서는 '성과를 올리고 싶다', '잘 보이고 싶다', '칭찬받고 싶다'라는 인정 욕구가 발생한다. 이는 지극히 자연스러운 감정이다.

다만 우리의 욕구에는 끝이 없다. 애써 채웠다 싶어도 좀 더 인정받고 싶어 한다. 열심히 하니 능력이 좋아진 듯한 기분이 들지만 오래가지는 않는다. 목표는 점점 더 올라만 가고 쉽사리

달성하지 못해 결국은 자신이 그것을 뛰어넘을 수 없으리라 단념한다.

인정 욕구는 인정받지 못할 수도 있다는 불안이나 공포를 낳는다. 이러한 감정은 실제로 그렇게 될 위험성이 있는지 살펴보고 자기 자신에게 작은 위험 신호를 보낸다.

즉, 부정적인 정보가 자연스럽게 수집되어 '싫어하는 사람일지도', '실패할지도', '이상하게 생각하겠지', '평가가 좋지 않을 것 같아'와 같은 망상을 만들어낸다.

이런 생각이 들면 '그럼 이제 그만 만나야겠어', '되도록 말 섞지 말자'처럼 '도망'치는 행동으로 이어진다. '잘해서 칭찬받고 싶다'는 욕구를 따르면 불안이나 공포에 사로잡혀 정작 나에 대해 표현하거나 해야 할 말을 차분히 이야기하고 싶은데 할 수 없게 된다.

불안이나 긴장이 심할 때, 자신감을 가지려고 하는 사람도 있다. 자신감은 '이건 내가 제일 잘하는 거야', '이 정도쯤 식은 죽 먹기지' 같은 생각인데 과거의 성과나 단순히 희망적인 관측에서 나온다.

하지만 자신이 있더라도 앞으로의 일이 잘될지 어떨지는 누구도 알 수 없다. 자신이 없는데 아무리 '자신 있다'고 믿으려 한들 할 수 없는 일이 갑자기 될 리 없고 결국 실패하거나 상황은 점점 나빠진다.

오늘 내 마음은 명상

일하는 데 자신이 없어도 괜찮다.

이렇게 말하면 '자신이 없는데 잘될 리가 없다', '자신이 있으니까 잘한 건데'라고 반발하는 사람도 있으리라. '자신 있다'고 말하는 사람은 아마 '뛰어나다'는 평가를 바라던가 실제로 타인에게 인정받았던 적이 있을 것이다.

열린 마음으로 생각해 보자. 자신이 있어서 일이 순조롭게 된 적도 있지만 그렇지 않은 경우도 수두룩하다. 그것이 있는 그대로의 사실이다.

이렇게 보였으면 좋겠다는 체면이나 자존심을 내려놓고, 내가 이런 행동을 하면 칭찬받고 인정받을 텐데 하는 기대를 거둬야 한다. 다시 한번 말하지만, 자신감은 필요 없다. 그런 마음가짐을 위해 다음에 나올 셀프 컴패션 연습을 소개하겠다.

셀프 명상 20) 인정받고 싶을 때 하는 셀프 컴패션

만약 어떤 일을 시작하기 전에 불안이 밀려온다면 나를 위한 치유 연습(62쪽)이나 자비 명상(122쪽)을 실천한다. 인정받고 싶지만 인정해 줄지 어떨지 불안해 하는 자신을 자비의 문구로 에워싼다.

자기 자신의 불안이나 공포를 억누르지 말고 그대로 받아들인다.

타인에게 어떻게 인정받고 싶은지 알아차리고 기대에 부응하지 못해도 아무 문제 아님을 이해하고 자신의 기준에서 정말로 하고 싶은 일이 가능하도록 기원한다.

자신감이 없다 해도 '시도해 볼 수 있기를', '좋은 결과를 기대하지 않고 있는 그대로의 나를 보여주기를'이라고 기도할 수는 있다.

그러면 이제까지 '자신이 없어서' 못했던 일이라도 자비로운 자신으로부터 용기를 얻어 시도할 마음을 먹게 된다.

어떤 일을 할지 정했다면, 그다음은 준비만 하면 된다. 모르는 분야가 나오면 직접 조사하거나 직장의 다른 사람에게 물어본다. 그런 과정을 통해 여러 가지를 배우지 않겠는가. 이쯤 되면 결과를 떠나 한번 해보자는 생각이 들 것이다.

경험이 쌓이면 일에 대해 어느 정도 예측이 가능해지면서 예전과 같은 불안이나 긴장에서 벗어난 자신을 알아차릴 수 있다.

일을 할 때 걱정이 앞서는 사람을 위한 자비 명상

이제 불안이나 공포를 느끼게 만드는 대상인 청중, 전화 상대, 불편한 사람을 위한 자비 명상을 실천해 보자.

'당신이 행복하기를', '당신의 고통과 괴로움이 사라지기를'이라는 문구로 상대방을 감싼다.

청중은 당신의 이야기를 이해하려고 귀 기울이고 있고 전화 상대도 마찬가지이다. 불편한 사람도 결코 당신에게 완전한 적의를 품고 있지 않다.

자비 명상을 통해 상대방의 입장을 이해하고 나면 혐오나 긴장감은 희미해진다.

몇 번 정도 실천해 보면 발표와 전화 그리고 대화 중에 적절한 발언이었는지 아닌지 신경 쓰이지 않는다.

이것은 절대로 열정이 없어졌다든가 의욕이 사라졌다든가 하는 문제가 아니다. 오히려 상대방의 입장을 이해하고 있으니 청중의 입장에 서서 발표할 수 있고, 전화 상대나 불편한 사람이 잘 알 수 있도록 설명하게 된다.

발표의 불안을 극복한 K

• • •

K는 발표 울렁증이 있다. 발표라도 맡게 되면 그 전주부터 불안해 견딜 수가 없다. 예전에 긴장해서 말이 빨라진 탓에 발표가 엉망이 된 적이 있는데, 회의 참가자가 "이해가 잘 안 간다."라고 말해 큰 충격을 받은 이후로 되도록 발표를 피하고 있다.

그런데 이번에는 달아날 수 없는 상황이다. 그래서 불안해하는 자기 자신과 회의 참가자를 위해 자비 명상을 실천해 보았다. '있는 그대로의 나를 받아들여, 발표 준비를 잘하기를', '두려움, 긴장, 불안이 사라져 안정을 되찾기를'이라는 문구를 반복하니, 불안이나 긴장이 어느 정도 완화되어 차분히 준비할 수 있었다.

회의 참가자를 예측하여 수행한 자비 명상에서는 시선이 신경 쓰이는 사람이나 질문하지 말았으면 좋겠다고 생각하는 사람에게 자비의 마음을 보냈다. 회의 장면은 웬만하면 생각하지 않으려고 했지만, 자비의 마음을 보내면서 자신의 이야기에 경청하는 이미지와 좋지 않은 반응을 보이는 이미지 양쪽 다 받아들일 수 있었다.

'모든 일이 완벽할 수는 없는 법. 일단 내 역량을 발휘하자' 하고 자신에게 친절한 말을 건넸다.

회의 전에 3분 호흡 공간법(199쪽 참고)을 실천하여 마음의 평정심을 유지했다. 이런 과정을 거친 뒤 K는 프레젠테이션을 선보였다. 잘 설명하지 못한 부분도 있었지만, 그런대로 침착하게 말할 수 있었다. 준비한 내용도 '이해하기 아주 쉬웠다'는 호평을 받았다. K는 완벽을 지향하지 않았는데도 잘 이해해 주어서 고마웠고 발표 울렁증이 조금 나아진 것 같았다.

⟨셀프 명상 22⟩ 불안과 긴장·걱정이 밀려올 때 하는 명상

○ 실행하기 전에 불안이나 긴장을 누그러뜨린다

불안이나 긴장을 느끼는 상태에서 어떤 일을 시작하거나 꼭 해야만 할 때 치유의 호흡 명상법을 시도해 보자.

먼저 눈을 감고 2~3회 깊이 호흡한다. 크게 한숨 쉬듯이 '하' 하고 숨을 내뱉는다.

그런 다음 자연스러운 호흡의 흐름으로 돌아가 들이마실 때보다 조금 더 천천히 내쉬면서 신체의 감각을 알아차려 나간다. '들이마시고 내쉬고…', '깊이 천천히…', '조용히 느긋하게…' 하고 매 순간을 말로 표현한다. 마실 때보다 천천히 숨을 내뱉

는다. 공기의 따뜻함, 친절함을 느꼈다면 자연스럽게 기쁨과
감사의 감정이 솟구칠지도 모른다.

'불안'이나 '긴장'이 느껴진다면, '불안아, 긴장아' 말을 걸어
(인사하여) '괜찮아. 거기 있어도 괜찮아' 미소로 받아들이자.

몸에서 긴장이나 통증이 느껴진다면 한 호흡마다 그 부분에
'늘 고마워' 같은 친절한 말을 건네보자.

잡생각이 든다면 놓아준다. '들이마시고 내쉬고…', '조용히 느
긋하게…', '미소 짓고 내려놓는다…'처럼 있는 그대로를 말하
면서 호흡의 감각과 그로 인해 발생하는 감각에 주의를 기울
인다.

불안이나 긴장이 지나가거나 진정되었다는 것을 알았다면
2~3회 깊이 호흡하고 눈을 뜬다.

마음의 안정을 되찾으면, 불안과 긴장으로 인해 시작하지 못했
던 일을 다시 해보려는 의지가 생긴다.

○ 회사 일이 계속 머리를 맴돈다

개인적인 시간에도 회사 일이 계속 머리를 맴돌 때가 있다. 야
근도 아닌데 일 걱정으로 머리가 복잡하면, 계속 일하는 것과
다를 바 없을 만큼 지친다.

마인드풀니스와 셀프 컴패션을 통해 지금 현재에 머무르게 되

면 그 순간의 기쁨이나 즐거움을 맛볼 수 있다.

마인드풀니스 호흡 명상(49쪽)부터 시작해 잠시 뒤 차분해졌다면, 걱정되는 일이 무엇인지 생각해 보자. 부정적인 감정이 끓어오른다면 자신에게 친절한 말을 건넨다.

또, 일 생각을 했을 때 혐오감을 느끼는 사람이 떠오른다면, 싫어하는 사람을 위한 자비 명상을 실천한다. 이렇게 자비로움으로 자기 자신을 채운 다음, 해야 할 일에 우선순위를 매겨본다. 나에게도 다른 사람에게도 이로운 답이 나올 것이다.

○ 뒤로 미루는 버릇을 고치고 싶다

집안일 같은 일상생활의 자잘한 일에 시간을 빼앗겨 업무나 공부 등 꼭 해야 할 일에 좀처럼 손대지 못할 때가 있다. 완벽주의 성향이 강하면 실패하면 안 된다고 생각해 준비하는 데 시간을 너무 들이거나, 애초에 포기하고 시도조차 하지 않는 사람도 있다.

어릴 적부터 '착한 아이'이길 기대했던 부모에 대한 기억이 완벽주의의 이면에 잠재되어 있다고 한다. 그 고정관념에 사로잡혀서 좋은 결과를 얻지 못할 바에야 시작도 안 하는 편이 낫다며 몸이 움직이지 않게 되어버린 것이다.

완벽주의자가 뒤로 미루는 버릇을 고치는 데에는 자기 자신에게 컴패션을 보내는 방법이 좋다. 일이 어중간하게 끝나거나 시험 점수가 낮으면 어쩌지 하고 염려하는 자기 자신을 자비의 말로 감싼다.

'괜찮아. 그런 일은 누구에게나 있어', '인정해주는 사람도 있잖아. 이제까지도 잘 해왔고'라고 친절한 말을 건네본다. 그리고 '일이 무사히 끝나기를', '내가 실력 발휘를 제대로 할 수 있기를' 같은 문구를 반복해 보자.

그러다 보면 '완벽하지 않으면 인정받을 수 없어'라는 생각을 내려놓게 되고 다른 사람 기준에서 완벽하지 않을지라도 내 나름대로 할 수 있는 일을 해보자는 희망이 조금씩 싹트기 시작한다.

업무 실수로
따가운 질책을 받았을 때

- 업무 실수로 거래처나 상사로부터 질책을 받았다
- 얄미운 상사에게 밑도 끝도 없이 의견을 무시당했다
- 동료가 시비를 걸었다
- 부하가 지시를 따르지 않았다

위의 예는 직장에서 스트레스를 유발하는 전형적인 상황이다. 예시의 공통점이라면 내가 벌인 일에 대한 주위의 태도로 인해 생겨난 감정이라는 것이다.

일하다가 실수를 저질러 질책을 당하면 누구라도 기분이 좋지 않다. 보통은 '이렇게 해야만 한다'는 기준이 너무 많고 과거에 비슷한 일로 상처받은 적이 있으면 자꾸 실패했을 때의 일을 떠올려 실망스러운 기분을 곱씹게 된다.

자신의 기준은 주로 부모에게서 비롯되는데, 그 기준을 채우지 못했을 때 부모에게 야단맞은 것과 같은 반응을 보인다. "정말 형편없구나.", "몇 번 말하면 알아들어야지."와 같은 부모에게 들었던 말로 자기 자신을 끊임없이 비난한다.

실패했을 때의 좌절감은 좋은 평가를 받고 싶었지만 그렇지 못해 생긴 분노라고 바꿔 말할 수 있다. 상사에게 무시당해서 화가 나는 것도 인정받고 싶었지만 인정받지 못해 생긴 분노이다.

개중에는 나를 몰아세운 상사를 도저히 용서 못 하겠다는 사람도 있다. "용서 못해."라는 말은 상사보다 우위에 선 발언이다. 현실의 상하 관계를 무시하고 말로만이라도 우위에 서서 자존심을 유지하려는 것이다. 특별히 좋은 평가를 받지 못했어도 자신이 타당한 의견을 제시한 느낌이 들어 인정 욕구가 충족된다.

사소한 실수에도 비난을 퍼붓는 상사도 있다. '별일 아닌데' 생각하면서도 기분은 우울하다. 그런 지독한 상사의 평가에 얽매이는 것은 인정받고 싶다는 인정 욕구가 강해서이다. 나는 뛰어난 자이니, 고로 인정받아야만 한다는 프라이드가 높은 것이다. 줄곧 '왜 인정해주지 않는 거지'라는 생각이 맴돌아 짜증이 치밀어오른다. 이런 목소리도 어린 시절 엄격했던 부모에게 내뱉었던 말일지도 모른다. 그렇지만 이렇게 분노에 휩싸인들 얻을 것은 아무것도 없다.

오늘 내 마음은 명상

내면 아이의 고통에 귀를 기울이다

부모에게 들었던 모진 말이 들린다면 어린 시절의 나에게 말을 걸어 차분히 이야기를 들어줘야 한다. 앞에서도 다루었지만 어린 시절의 자신을 '내면 아이'라고 부른다.

내면 아이는 깊은 상처 탓에 자신이 하는 일을 좀처럼 믿을 수가 없다. 잘하고 있는데도 '엉망이야', '시시해'라며 울거나 짜증을 부린다. 머릿속에 그린 그 아이를 자비의 문구로 감싸준다. (255~257쪽 참고)

분노라는 감정을 받아들인 다음에는 상사를 위한 자비 명상을 실천한다. 상사에 대한 감사와 존경하는 마음, 좋은 점을 이미지로 그려본 뒤 자비의 마음을 보낸다.

그리고 나면 상사도 일에 최선을 다하고 있으며 자신과 똑같이 분노나 질투로 힘들어하는 똑같은 생명일 뿐이라는 공통성을 알아차리게 된다.

상사를 '용서 못해'라고 했던 판단은 사라지고 업무나 상사와의 관계를 다시금 개선하고자 하는 여유가 생긴다.

상사 운과 동료 운이 없는 L

. . .

L은 실적이 좋은 사원이었으나, 선배의 일을 억지로 떠맡거나 동료에게는 무시당했다. 일이 도무지 끝나지 않아서 상사에게 의논해 보았더니 "자네라면 할 수 있네!"라는 말만 할 뿐 어떠한 대응도 해주지 않았다. 어떻게든 참고 견디려 했지만, 매일 아침 현기증에 시달리다 끝내 출근할 수 없는 지경에 이르러 잠시 일을 쉬게 되었다.

이런 불합리한 처사에도 잠자코 참는다는 건 과거의 반응 패턴을 그대로 따라갔을 가능성이 크다. 어른이 되어서도 "참아야지", "그런 일을 당한 건 다 네 탓이야" 같은 부모의 말을 따르고 있는지도 모른다.

L은 자비 명상을 실천하면서 자비를 가진 내가 내면 아이에게 '이제 어른이니까, 시키는 내로 하지 않아도 괜찮아. 그렇게 평가에 예민해지지 말렴. 내가 옆에 있어 줄게'라고 전했다.

그렇게 과거에 겪은 두려움이나 슬픔을 받아들이며 '평가에 연연하지 않고 하고 싶은 걸 할 수 있기를' 하고 자신의 행복을 비는 문구로 자신을 감싸주었다.

나아가 직장 상사와 동료에게도 자비의 마음을 보내고 그 사람의 입장에 서서 행복을 기원했다. 이렇게 L은 죄책감에서 벗어나 타인과의 유대감을 회복했다.

직장에서 자신을 괴롭히는 사람과는 거리를 두기로 했다. 무리한 요구에는 웃으며 "알겠습니다."라고 말한 뒤, "하지만 이 기간 안에는 못합니다.", "이 정도라면 가능합니다."처럼 자신을 배려하는 주장을 하게 되었다.

상대의 싫은 기색이 느껴져도 '괜찮아. 할 수 있는 일을 하는 게 서로가 행복해지는 거야. 우리가 서로 협력하여 행복해지기를'이라는 자비의 문구로 자기 자신을 감싸 안았다.

L은 실천을 이어갔다. 그리고 설령 그 순간에 부정적인 감정이 일어나더라도 직장 내 관계는 서로를 배려해야 지속되는 것이라 이해하니 괜찮아졌다.

이제야 휴직 시간이 삶의 지혜를 선사한 귀중한 기회였음을 깨달았다.

질투나 시기를
느낄 때

- 회의에서 동료나 부하가 독창적인 발언을 했다
- 동기가 나보다 먼저 승진해서 연봉이 높다
- 상사나 동료가 나보다 고학력이다
- 경쟁자에게 영업 실적으로 이기고 싶다
- 경쟁사보다 10원이라도 더 벌고 싶다

제시된 상황은 업무를 하면서 질투나 시기심이 생기기 쉬운 예이다.

경쟁심으로 인해 상대에게 이기고 싶다는 마음은 누구에게나 있다. 경쟁자에게 내가 가진 것을 빼앗길 것 같으면 질투를, 경쟁자가 내가 가지지 못한 것을 가졌다면 시기를 느낀다. 승리, 돈, 사회적 지위를 획득하면 행복해진다는 사회적 통념은 그에

오늘 내 마음은 명상

대한 집착을 낳는다.

예를 들어, 회의에서 동료나 부하 직원의 참신한 발언을 들으면 '기발하다'며 존중하는 한편, '왜 그렇게 잘하지?', '내가 못 가진 걸 가지다니' 생각하며 재능을 시기하거나 '저 녀석 때문에 내 평가가 안 좋아', '고과가 안 좋으니 승진도 안 돼'라며 동료에게 분노한다.

상사의 자리에 있는 사람이더라도 부하 직원의 발언에 질투심을 느끼고 '나보다 성과가 좋다니. 이러다가 내 자리를 뺏기겠어'라며 불안해한다.

질투나 시기는 상대에 대한 존경이나 선망으로 이어지면 경쟁자를 참고삼아 자신의 역량을 끌어올릴 수 있지만, 일단 그 소용돌이에 빠지면 공격하고 싶은 충동을 억제하기 힘들어진다. 이를테면 괜한 시비를 걸고, 없는 사람 취급하고, 일부러 힘든 일을 시키고, 협조하지 않는 등 다양한 방법으로 상대를 공격한다.

질투나 시기는 불안이나 긴장과 비교하면 타인에게 감추고 싶은 감정이다. 흔히 이야깃거리로 삼지도 않을뿐더러 푸념하기도 어려워서 분노로 쌓이기 쉽다. 따라서 파멸로 몰고 가는 행동으로 이어질 수 있으니 주의가 필요하다.

오로지 경쟁자를 이기겠다는 일념 하나로 실적이나 성적이 뒤처진다 싶으면 허위 신고서를 작성하고 불법적인 거래를 하기도 한다. 경쟁자에 대해 헛소문을 퍼뜨리거나, 무시하거나, 거짓 정보를 흘리거나, 돈에 대한 집착으로 탈세하는 사람도 있다. 높은 지위와 명예를 누려도 그 자리를 지키고 지기 싫은 마음에 큰 실수를 저지르기도 한다.

질투나 시기의 감정에도 자비 명상이 유효하다. 좋은 평가를 원하고 인정받기를 바라다보면 타인의 평가에 의존하게 만든다. 노력이나 재능이 무관하다고 할 수 없지만 이기고 지는 것은 그때그때의 운이라고 해도 과언이 아니다. 획득한 금전의 가치는 금세 변하고 사회적 지위도 영원하지 않다.

그렇게 불안정한 것을 좇을 것이 아니라 내가 하고 싶은 일에 몰두할 수 있는 삶을 목표로 해야 한다. 하고 싶은 일을 잘 알기 위해서 먼저 나를 위한 자비 명상을 실천해 보자.

 ## 경쟁심·질투심이 가라앉지 않을 때 하는 명상

2~3회 호흡한 뒤, 질투하거나 시기하는 자신을 이미지로 그리고 그 목소리를 들어본다. '다음번엔 내가 이겨서 반드시 웃어주겠어', '바보 취급하다니. 본때를 보여줄 테야', '이러다 먼저

승진하면 어떡해. 내 자리 지키고 싶어', '학력도 낮은 주제에 왜 그렇게 잘해' 등 여러 목소리가 들려올 것이다.

자비를 품은 내가 되어 질투나 시기심으로 괴로워하는 나 자신을 비슷한 고민으로 힘들어하는 친구를 대하듯이 부드럽게 받아들여 나간다.

질투하고 시기하는 나는 이기고 싶다, 본때를 보여주고 싶다, 지고 싶지 않다, 얕보이고 싶지 않다는 욕구에 지배되어 휘둘리고 있다. 그런 자신에게 어떤 말을 걸어주면 좋을지 고민해 보자.

'이기고 진다는 건 정말 힘든 일인데. 왜 이기고 싶은 거야? 내가 진짜로 하고 싶은 건 뭘까?'라고 물어보는 것도 좋다.

'갖고 싶다, 좋은 평가를 받고 싶다, 놓치고 싶지 않다'와 같은 욕구에 사로잡히기 전에는 나와 소중한 누군가의 행복을 빌고 사회에 공헌하여 타인을 행복하게 해주고 싶다는 소망이 많든 적든 있었으리라 생각한다. 나와 타인의 행복을 바라는 자비가 있는 사람이라면 그 사실을 알아차릴 수 있다.

그리고 경쟁을 통해 욕구를 채우는 끝없는 레이스에 계속 참가할지, 레이스를 그만두고 지금 이 순간 있는 그대로의 내 모습으로 누군가를 위한 일을 할지 두 가지의 선택지를 냉정하게 비교해 본다.

내가 정말로 하고 싶은 일은 어느 쪽일까? 대답은 자연스레 떠오를 것이다. 답을 찾은 뒤에는 자신이 구한 답을 따라 살아가기만 하면 된다.

질투나 시기를 느끼게 하는 대상은 나에게 무엇이 부족한지 가르쳐주는 중요한 관계이다. 또 당신과 비슷한 목표를 가지고 노력하는 귀중한 존재이다.

열심히 일하는 것은 경쟁자도 당신도 다른 회사의 누군가도 모두 마찬가지이다. 다들 경쟁자가 있고 이기거나 지는 과정이 힘겨울 것이다.

이번에는 경쟁자를 위해 자비 명상을 수행하고 자비의 마음을 보내자. 마음을 열고 상대방의 생각을 이해하려는 과정에서 기발한 발상이 떠오르기도 한다.

계속하다 보면 어느새 '나도 당신도 행복해지기를' 하고 함께 행복하기를 바라게 될 것이다. 그 순간을 기점으로 질투나 시기는 사그라들고 이제 분노로 나를 잃어버릴 일도 사라진다. 서로 돕고 격려해가며 성장을 위해 일하게 된다.

상대방의 발목을 붙잡는 것이 아니라 서로 합심하면 좀 더 나은 결과를 기대할 수 있다.

오늘 내 마음은 명상

영어 잘하는 후배로 인해 초조한 M

· · ·

M은 업무에서 주로 영어를 쓰는데, 아무래도 영어로는 귀국 자녀인 후배를 이길 수가 없다. 그 후배가 상사에게 좋은 평가를 받는 모습을 목격하고는 '이대로는 추월당하겠다'라는 생각에 조바심이 났다. 영어로 말할 때마다 불쾌하고 짜증이 나서 도무지 일에 집중할 수 없었다.

그래서 나를 위한 자비 명상을 실천했다. 명상을 통해서 직위나 직책을 바란다기보다 후배에게 지면 인생이 끝났다고 생각하는 자신을 알아차렸다.

자신에게 하고 싶은 일을 물어보니 영어가 아니라 자신의 강점을 살려서 도움이 되고 싶다고 했다. '내 강점을 알아차리고 그것을 살릴 수 있기를', '내 강점으로 회사 사람들을 도울 수 있기를', '나보다 뛰어난 사람과 함께 일을 더 잘할 수 있기를' 같은 바람이 문구로 떠올랐다.

이 문구를 되뇌며 지내다 보니 질투, 시기, 열등감, 분노 같은 부정적인 감정은 거의 사라졌고, 대신에 후배 이야기를 들어주고 챙겨주며 응원하게 되었다.

그랬더니 영어 실력과 상관없이 일에서 좋은 평가를 받기 시작했다. 상사는 후배와 다른 면을 보고 좋게 평가했다.

M은 평가나 후배와의 경쟁에 무관심해지니 오히려 인정받게 되어서 신기한 마음이 들었지만, 모두에게 너그러운 마음으로 대할 수 있게 되어 지금 상황이 만족스러웠다.

오늘 내 마음은 명상

혐오나 권태를
느낄 때

- 따분한 회의
- 자기 일에 긍지가 없고 신물이 난 상태다
- 수긍할 수 없는 업무를 마지못해서 한다
- 불평불만에 대응해 다른 사람이 싫어하는 말을 해야 한다
- 의무적으로 행사나 모임에 참가해야 한다

사회생활을 하다 보면 위에 제시된 예처럼 의욕이 없는 날이 있다. 기운 내려고 노력해봐도 의욕이 나질 않는다. 그렇더라도 업무에는 내가 책임져야 하는 일들이 있으니 억지로 힘을 내본다. '중요한 일이니까', '성공하면 연봉이 오를지도 몰라', '끝내면 편해질 거야' 등 생각을 바꿔보려 해도 결국 지치기만 한다.

어쩌면 그 일이 그저 지시받은 일이어서 그냥 하는 일이라 그

럴지도 모른다. 인간의 역량은 자신이 하고 싶은 일을 찾아 적극적으로 도전하고 답을 구할 때 발휘된다. 그렇지 않은 업무일 경우, 적극적으로 하지 않아도 가능한 일이니 재미없는 것이다.

그럴 때는 마인드풀하게 감각을 알아차리는 것부터 시작하자.

(셀프 명상 25) 의욕이 생기지 않을 때 하는 명상

마치 처음 일하는 느낌으로 여러 가지 감각을 알아차려 나간다. 입사 당시를 떠올려 보아도 좋다. 언제나 똑같다고 느끼는 일도 그 순간의 감각은 실은 매번 조금씩 다르다.

초심자나 탐험가 혹은 연구자와 같은 자세로, 지금 현재의 경험에서 재미와 즐거움을 알아차리려고 마음먹으면 이제까지 지루했던 작업에서도 의미를 찾을 수 있다.

이번에는 의욕이 없는 나를 위한 자비 명상을 수행한다.

자비로운 자신을 이미지로 그려내 의욕을 잃은 자기 자신에게 친절한 말을 건네보자.

일에 대해, 자기 자신에 대해, 어떻게 하고 싶은 건지, 그 욕구를 알아차리고 모든 감정과 생각을 너그럽게 받아들인다. 매뉴얼에 따를 수밖에 없는 상황이더라도 그런 자신의 존재를 인정해줄 수 있는 것은 자비를 품은 자기 자신뿐이다.

이 밖에도 서툴러서 겁내는 자신, 좋지 않은 일이 벌어질까 두려운 자신, 싫어하는 사람을 만나고 싶지 않은 자신이 어떤 말을 해줄지도 모른다. 그때는 자신의 좋은 점이나 가치 있는 부분에 의식을 돌려 친절한 말을 건네보자. 내가 할 수 있는 일이 떠오르고, 일에 대한 적극적인 자세가 회복될 것이다.

불만 처리 업무가 많은 N

• • •

N은 넘치는 불만 처리 업무로 상대방 반응을 듣는 일에 신물이 났다. 하기 싫은 마음을 꾹 참고 하루하루를 버티며 산다. 한계에 부닥쳤을 즈음 셀프 컴패션을 알았다.

주의를 기울여 불만을 말하는 상대의 이야기를 듣고 상대에게 자비의 마음을 보내니, 이제까지 알아차리지 못했던 상대방의 심정이 조금 이해가 되었다.

이제까지 고통스러웠던 전화 업무도 '상대방의 생각을 이해하니, 회사에 도움이 되는 말도 해준다는 사실을 깨달았다. 매 순간이 배움이다'라는 것을 실감하고 고통을 거의 느끼지 않게 되어서 자신도 놀랐다. 지금은 N에게 맡기면 "불만 처리 업무쯤이야."라는 말을 들을 정도로 바뀌었다.

가족의 태도로 인해
화가 날 때

- 가족의 말과 행동 때문에 화가 난다
- 가족이 나를 이해하지 못한다는 마음이 든다
- 가족이 나를 걱정하고 신경 써주길 바란다

위에 제시된 예처럼 가족의 말과 행동에 짜증이 나고 싸움이 끊이지 않는 경우가 있다. 상대방의 태도 하나하나가 거슬려 지적해 본들 조금도 바뀌지 않으니 더 화가 난다.

누구나 가족은 '이런 모습'이어야 하고, '이런 사이가 보통'이고, '이게 아니면 불행'이라는 기준을 가진다. 그 외에도 '힘들 때 조용히 도와주면 좋겠다', '내 얘기를 조용히 들어주길 바란다'와 같은 욕구도 있을 것이다. 간혹 사랑하는 사람이 도움을 주고 이야기를 들어주어도 자신이 기대한 행동이 아니라면 불만스럽게 여긴다. 불만이 점점 쌓이면 상대가 미워진다.

부부 관계처럼 오랜 시간 함께 하다 보면 '아무래도 상관없어', '포기했어'처럼 무관심을 가장하는 경우도 있다.

배우자에게 분노나 짜증을 느낄 때 하는 명상

부부 사이에 짜증 나는 일이 많다면 판단하지 않고 있는 그대로 자신의 감각을 알아차리고 배우자를 위한 자비 명상을 실천하자.

'제멋대로야!'라는 말이 자신의 사고라는 것을 알아차리고 분노를 그 순간에 느낀 감정이라고 기억한다. 배우자의 행동을 자꾸 판단하려 들지 않는다. 이성적으로 상대의 행복을 빌어주는 문구를 되뇐다.

배우자도 불완전한 인간일 뿐이다. 나를 비롯하여 누구나 실수를 한다. 그 사실을 받아들이고 배우자에게 자비의 마음을 보낸다.

배우자의 좋은 점을 떠올리며 빙그레 웃어보자.

그리고 '당신의 장점을 살릴 수 있기를', '당신의 버릇이 고쳐지고 당신 자신이 괴로움에서 벗어나기를' 등 상대의 행복을 빌어본다.

마지막으로 '우리가 행복하기를'이라고 나 자신도 포함시킨다. '뭐야 착한척하기는', '어차피 배신당할 거야'라는 목소리가 들려올지도 모른다.

이 명상은 배우자의 잘못된 행동을 용인하거나 용서하기 위한 것이 아니다. 용서할 수 없다면 용서하지 않아도 된다. 종교인처럼 행동하라는 것이 아니라, 실수를 저질러 곤혹스러워하는 사람을 도와주려는 순수한 소망을 떠올리라는 것이다. 그 소망은 분노의 베일에 덮여 가려져 있기에 분노의 감각을 마인드풀하게 알아차릴 필요가 있다.

'어차피 배신당할 거야'라는 말도 상대방에게 애정을 기대하는 욕구에서 나온 사고에 지나지 않는다. 분노로 인한 사고임을 알아차리고 문구를 되뇌며 일어나는 자비심으로 마음을 채워나가자. 그러다 보면 배우자의 행동에 분노로 반응하는 일이 적어진다.

부모와 자식 관계에서는 훈육을 빙자해 아이를 통제하려는 부모가 있다. 그렇지만 아이를 혼내고 화를 내봤자 반발심만 불

러일으킬 뿐이다. 아이에게 "이렇게 해야지", "최소한 이건 해야지"라는 말은 아이를 위한 것이 아니라 자신의 욕구를 채우기 위함이 아닌지 생각해 보자.

자신의 허영심으로 인해 아이를 적잖이 가르치고 명문 대학에 진학시키기 위해 학원에 보내고는 한다. 엄격한 규칙을 만들어 지키도록 하는 것은 자신이 어린 시절 야단맞던 공포를 두 번 다시 떠올리고 싶지 않아 만든 방어책일지도 모른다.

또 아이의 말이라면 무조건 수용하는 태도는 자신이 받지 못한 사랑을 아이에게 대신 듬뿍 주고자 하는 욕구에서 나온 결과일지도 모른다.

모두 아이에게는 아무래도 상관없는 일이다. 자신의 욕구에서 멀어져 아이의 시선으로 바라보기 위하여 아이를 위한 자비 명상을 실천해 보자.

셀프 명상 27) 아이의 행동을 참을 수 없을 때 하는 명상

아이의 말이나 행동 때문에 지치고 고쳐주고 싶고 용서할 수 없다는 생각이 들어도 그저 온전히 '사고'로서 알아차리기만 한다.

갓 태어났을 때의 아이를 이미지로 그려보면 과거에 체험했던 '태어나줘서 고마워'라는 감각을 알아차릴지도 모른다. 행복한 감각과 함께 아기를 '네가 행복하기를'이라는 문구로 에워싼다.

그 아기가 차츰 성장한다. 마찬가지로 자비의 문구를 마음속으로 전한다.

곤란했던 일, 그만두었으면 하는 일, 싫은 부분이 머리를 스친다면 '당신의 고통과 괴로움이 사라지기를', '당신의 ○○(곤란했던 일)이 어딘가에 도움이 되기를'이라는 문구로 자비의 마음을 보낸다. 문구를 반복하다 보면 서서히 받아들이기 어려웠던 아이의 언행이나 특성에 마음을 열 수 있게 된다.

그러면 아이에게 어떤 말을 걸어야 좋을지, 화내거나 꾸짖는 것 대신 다른 선택지가 떠오른다. 그렇게 새로운 부모 자식 관계가 시작된다.

자신이 사랑받지 못한다고 느끼면 얼마나 외롭겠는가? 부모 자식 관계나 부부 관계에서도 그런 외로움 때문에 괴로워지기도 한다.

아이에게 부모는 아무런 대가 없이 애정을 주는 존재이다. 그런데 일부 부모는 아이에게 조건부의 사랑밖에 주지 않는다.

부모가 늘 "~를 특별히 해주는 거야."라고 말하고 아이가 뭔가를 원해도 항상 "그건 안 돼. 이걸로 해. 제멋대로 굴지 마."라고 부담감을 느끼게끔 만드는 유형이라면 아이는 자신이 부모에게 부담스러운 존재라고 인식하게 된다.

그렇게 되면 유아기부터 욕구 불만 상태가 지속되고 자신이 사랑받지 못한다는 느낌을 지우지 못한 채 성장하게 된다.

어른이 되어 배우자나 사귀는 사람이 생겨도 상대와의 관계에서 사랑받고 싶다는 욕구가 강할 뿐만 아니라 상대를 자주 의심하고 상대방의 사소한 발언에도 예민해서 자주 화를 내게 된다.

심지어 자식을 대할 때도 자신이 겪은 양육 방식에서 벗어나지 못한 채, "나는 이런 대우 받아본 적 없는데!" 하고 분통을 터뜨린다. 아이 쪽에서 보면 그런 사실은 알 리가 없으니 본인이 못된 짓을 했다는 느낌에 '나쁜 짓을 저질렀어', '사랑받지 못해'라는 생각이 틀어박히게 된다.

만약 이런 케이스에 당신이 해당된다면, 나와 가족을 위한 자비 명상을 실천해 보자.

가족에게 사랑받지 못한다고 느낄 때 하는 명상

평화롭고 안정된 환경에 놓인 자기 자신을 이미지로 그리며 나를 안아준다. 그리고 '내가 행복하기를' 문구로 나를 에워싼다. 평온해졌다면 마찬가지로 편안한 장소에서 나와 함께 지내는 자신의 아이를 이미지로 그려본다. 실제로 팔로 부둥켜안는 모양으로 아이를 꽉 안아보자.

일어나는 감각을 알아차리며 '당신이 행복하기를' 문구로 아이를 감싸준다.

부모에게서 들었던 말이 아니라, 내 안에서 떠오르는 아이에게 들려주고 싶은 자비의 말을 찾아 친절하게 말을 걸어보자. 아이에게 전하면서 느껴지는 감각의 변화를 알아차리고 음미한다.

그리고 나 자신을 포함하여 '우리가 행복해지기를'이라는 문구로 두 사람을 에워싼다. 마음이 너그러워졌다면 가족이 아닌 다른 사람도 넣어보자. 그 순간의 감각을 음미한다.

이번 실천을 통해 내가 아이에게 어떤 자비의 말을 건네면 좋을지 알게 된다. 이제 남은 일은 실제로 아이에게 그 말을 건네보는 것이다. 아이의 나이에 따라서는 아이를 꼭 안아주면서 말해보는 것도 좋다.

'사랑받지 못해' 내가 뱉은 그 말은 내 부모에게서 비롯된 말인지도 모른다. 단지 사고에 지나지 않음을 알아차리고, 여유가 생기면 부모를 안아주는 명상을 시도해도 좋다. 조금씩 범위를 넓혀야 무리가 가지 않는다.

아이를 안아주는 방법 이외에도 아이와 함께 수행하는 방법도 있다.

아이의 손을 잡고 "손을 잡아보렴. 같이 숨 쉬어보자.", "아주 깊이, 숨을 들이마시면 배가 부풀고. 숨을 내쉬면 배가 줄어들어." 함께 호흡 명상을 한다.

그런 다음, 손을 잡고 같이 천천히 걸으면서 "발이 땅에 닿아. 오른쪽, 왼쪽. 어떤 느낌일까. 숨을 들이마시면서 오른쪽 발을 알아차리고. 숨을 내쉬면서 왼쪽 발을 알아차려."라고 말하며 걷기 명상을 한다.

어느 정도 걸었다면 "우리가 멋진 하루를 보낼 수 있도록 빌어보자."라고 말한 뒤, 작은 목소리로 "멋진 하루가 되기를."이라는 문구를 걸으면서 10번 정도 반복한다. 아이와 행복한 기분을 공유할 수 있을 것이다.

앞으로의 삶이
막연히 불안하다면

미래에 대해 막연한 불안을 안고 있으면 사고를 주로 관찰하는 호흡 명상을 수행해도 대상이 확실히 보이지 않을 수 있다. 그럴 때는 걷기 명상을 시도해 보자.

 미래에 대해 불안을 느낄 때 하는 명상

밖으로 나가 천천히 걷는다. 발을 옮겨 지면으로 내려놓을 때의 감각과 착지했을 때 발바닥에 전해지는 감각을 알아차린다. 주위 풍경을 있는 그대로 받아들이고 잡념은 잡념으로서 알아차린다.

호흡 명상보다 자극이 크고 알아차리는 데에 분주하므로 '아무것도 떠오르지 않아' 할 새 없이 흥미진진하게 시도할 수 있다.

미래에 대한 불안이라고 하면 젊을 때처럼 체력이 따라주지 않아서 일을 제대로 할 수 있을지 없을지 고민이라는 이야기를 자주 듣는다.

이런 케이스에는 바디 스캔(100쪽)이 효과적이다.

한 호흡마다 자비의 마음을 보내면서 내 몸이 불평불만 없이 열심히 살아주었음을 깨닫게 되어 자연스럽게 감사의 마음이 생겨난다.

내 몸을 돌보는 일에도 관심을 두기 시작해 일의 성과에만 매달리는 것이 아니라 건강하게 균형 잡힌 삶을 살려는 의지가 샘솟는다. 체력을 키우기 위해 운동을 할 때도 과도한 기대를 품거나 무리하게 일정을 짜지 않아 할 수 있는 범위 내에서 건강하게 계속하게 된다.

불안정한 고용, 낮은 임금, 거기에서 오는 취약한 사회적 보장에 한탄하며 잘 사는 사람들을 향해 질투나 분노의 화살을 돌리는 사람도 있다. 안타깝게도 정처 없는 그 감정은 결국에는 자신에게 되돌아와 초라한 자신의 모습에 마음만 상할 뿐이다. 질투나 분노에 지배당하지 않기 위해서는 질투심이 가라앉지

않을 때 하는 명상(270쪽)을 시도해 보자. 다른 사람과 비교하지

않고 자신의 가치를 알아차리면 자신을 소중히 여기게 된다.

아픔을 치유하는
셀프 컴패션

요즘은 두 명 중 한 명이 암에 걸린다고 한다. 이른바 AYA세대Adolescent and Young Adult(사춘기와 젊은 성인으로 10대 후반에서 30대에 걸친 사람들을 지칭-옮긴이) 암 환자 중에는 한창 일할 젊은이도 포함되어 있는데, 이를 보면 나이와 상관없이 누가 걸릴지 알 수 없는 것이 병이다.

암처럼 죽을지도 모르는 병에 걸렸을 때 우리는 강한 불안감을 느낀다. 이대로 낫지 않으면 어쩌지, 일은 계속할 수 있을까, 가족이랑 영원히 헤어지는 건가, 앞으로 치료나 생활에 필요한 돈은 충분한가, 하고 싶은 일을 이제 못 하는 것이 아닐까 등 여러 가지 생각이 머릿속을 휘젓는다.

치료에 따라서는 겉모습도 변한다. 암 진단을 받으면 얼마간(통상 2주 정도)은 쇼크 상태로 아무것도 못 하거나 암울한 생각에 사로잡혀 괴로워하는 경향이 있다.

치료가 끝난 뒤에도 재발할까 노심초사하고, 통증을 느끼면 또 암인가 싶어 하염없이 걱정하니 마음만 우울해진다.

죽음의 공포를 껴안고 비관적인 생각으로 살아가면, 불면, 식욕 부진, 자살 생각 등 여러 가지 정신적 증상을 일으킬 가능성이 있다. 심리적 요인 이외에도 만성적 통증이나 치료의 부작용으로 우울 상태에 빠질 위험성이 높다.

암 종류마다 다르겠지만 메타 분석에 의하면 암 환자 중 16% 정도는 우울증을 진단받는다고 한다. 암은 우울증뿐만 아니라 수면 장애, 외상 후 스트레스 장애PTSD 등의 정신 질환을 일으키는 위험 요인으로 알려져 있다.

2020년 통계에 따르면 암 환자의 5년 상대생존율(연도·성별·연령이 같은 일반인과 비교해 암 환자가 5년간 생존할 확률—옮긴이)은 60.6%이다. 길어진 수명과 함께 멘탈 케어도 중요해졌다.

다양한 연구를 통해 셀프 컴패션이 암 환자의 고통을 완화하는 요인이라는 결과가 제시되었다. 유방암 환자가 유방 절제 수술을 받고 나서 겉모습의 변화로 괴로워할 때, 셀프 컴패션을 높이는 방법이 마음을 다스리는 데 효과가 있다는 연구도 있다.

50세에 폐암 진담을 받은 O

$$\bullet \quad \bullet \quad \bullet$$

50세 회사원 O는 종합 건강 검진에서 폐 사진에 문제가 있다는 소견을 듣고 정밀 검사를 받아본 결과, 폐암 초기라는 진단을 받았다. 아내와 아이를 생각하니 눈앞이 캄캄했다. 집으로 돌아가 가족에게 결과를 알렸다. "괜찮아. 치료받으면 나아질 거야"라는 아내의 말에 어떻게든 치료를 잘 받으리라 다짐했다.

얼마 뒤, 방사선 치료를 일주일 정도 받고 퇴원했다. 다행히도 전이된 부분은 없었지만, 언제 재발할까 불안했고 가족이나 회사 일을 생각하니 퇴원 후에도 잠들 수 없는 나날이 이어졌다. 기분이 나아질 기미가 보이지 않아 당분간 회사는 쉬기로 했다.

기분 전환을 해보려 해도 '언젠가 재발할지도 몰라'라는 생각에 아무런 의욕이 생기지 않았다. 온종일 침대에서 나오지 않는 날도 있었다.

O는 암 초기였으나, 죽을지도 모른다는 공포를 느꼈다. '건강하게 일을 계속하며 가족과 함께 살아간다'라는 이제까지 그려왔던 인생 설계가 단숨에 무너져 버렸다.

자신이 불치병에 걸린 것처럼 '난 어차피 죽을 텐데 아무것도 하고 싶지 않아', '언제 죽을지 모르다니 가족에게 너무 미안해',

오늘 내 마음은 명상

'이제 일을 못 하는 건 아닐까'라며 자신의 삶 자체에 대해 절망했다.

암에 걸려 우울해진 기분에서 벗어나려면 자신이 걸린 병이나 죽음에 대한 불안, 공포를 알아차리고 병의 현재 상태를 있는 그대로 받아들여야 한다.

생명에 직결된 병은 가장 혐오하기 쉬운 대상이다. 가령 의사가 긍정적인 전망을 제시하거나 가족에게서 걱정하지 말라는 이야기를 들어도 무의식적으로 강한 분노와 슬픔을 경험한다. 호흡 명상을 해보아도 불안이나 공포가 너무 강해서 그에 대한 반응으로 눈이 떠지거나 졸음이 밀려오기도 한다.

또 암 치료가 끝나면 "암을 극복했어."라고 자신에게 들려주면서 아무 일도 없었던 듯이 행동하는 사람이 있다.

하지만 나이가 들면 체력 저하와 지병의 악화, 암의 재발 같은 아무리 노력해도 피할 수 없는 상황이 발생한다. 피할 수 없는 사실에 저항하려고 발버둥 치지만, 더더욱 피폐해지기만 할 뿐이다.

암뿐만 아니라 죽음에 이를지도 모를 병에 걸렸을 때야말로 셀프 컴패션이 중요하다.

그 실천 방법으로서 병을 앓고 있는 내 몸에 자비를 보내는 명상법, 투병으로 기분이 울적한 자신을 위로할 명상법을 소개하겠다.

아픈 몸을 위로하는 명상

① 마인드풀니스 호흡 명상(49쪽)부터 시작한다.

　일어나는 감각, 감정, 사고를 받아들여 나간다.

② 차분해졌다면 자신의 가슴에 손을 얹고 내 친구가 같은 병에 걸리면 어떤 말을 건넬지 머릿속으로 그려본다.

　그 말을 마음속에 담아둔다.

③ 다시 자신의 가슴에 손을 얹고 자비를 품은 자기 자신이 아픈 자리에 어떤 말을 걸지 알아본다.

　우리 몸은 우리를 위해서 불평불만 없이 열심히 살아왔다.

　손가락, 팔, 머리카락, 내장 모두 하나가 되어 건강해지기 위해 노력하고 있다.

　한 호흡마다 먼저 아픈 자리에 친절한 마음을 보낸다.

　아픈 자리를 치유해 나간다.

④ 내내 고통받으면서도 잘 견뎌낸 아픈 자리를 부드럽게 감싸 안는다.

⑤ 만약 통증이 느껴진다면 '통증', '통증', '통증'이라고 속으로 되뇌면서 그 변화를 알아차린다. 그리고 내 몸에 친절을 보내자.

통증으로 인해 여러 가지 생각이 떠오를 수도 있다.

통증을 없애려 하거나 싸우려고 할 필요는 없다.

통증을 없애지는 못하지만 계속 생각해서 괴로워할 필요는 없다.

그저 '잡념'이라고 알아차리고 친절한 마음을 내 몸으로 보낸다.

⑥ 그다음에는 몸의 모든 부위로 주의를 옮긴다.

발가락 끝에서 정수리 끝까지 빠짐없이 스캔해서 천천히 세심하게 친절을 전해보자.

⑦ 내 몸 어느 부분이 병에 강한지 약한지 알아차릴 수도 있다.

어디가 되었든 몸은 우리를 위해 애써준 존재이다.

강한 부분은 너무 애쓰고 있을지도 모른다.

약한 부분은 이미 지쳤는지도 모른다.

내 몸을 생각하는 마음이 절로 우러나오리라.

호흡의 리듬에 맞춰 친절한 말을 그 자리에 몇 번 더 보내본다.

⑧ 이 명상을 통해 이제까지 치료해서 없애야 한다고 치부했던 내 몸의 아픈 부위를 위로하는 마음과 감사하는 마음이 자연스럽게 일어날 것이다.

몸이 연결된 느낌이나 내 몸을 위해 도와준 많은 사람의 존재를 재확인할 수도 있다.

만약 몸을 소중히 여기기로 했다면 당장 시도해 보자.

내 몸이 기쁨을 느낄지도 모른다.

이 실천은 암 이외의 병에 걸렸을 때도 유효하다.

암에 걸렸을 때, 특히 극심한 통증을 동반하는 경우에는 좀처럼 친절한 마음을 가지기 어렵다.

그럴 때는 슬픔이나 공포로 괴로워하는 자신을 치유하는 명상법을 추천한다.

 암으로 고통받는 나를 치유하는 명상

① 마인드풀니스 호흡 명상(49쪽)부터 시작한다.

　일어나는 감각, 감정, 사고를 받아들인다.

② 차분해졌다면 자신의 가슴에 손을 얹고 내 친구가 암에 걸리면 어떤 말을 건넬지 머릿속으로 그려본다. 그 말을 마음

속에 담아둔다.

③ 나를 위한 자비 명상을 수행한다. '내가 행복하기를' 비롯한 네 개의 자비 문구(93쪽 표)를 반복한다.

④ 명상 준비가 끝났다면 암으로 괴로워하는 자기 자신을 떠올린다.

미래에 대한 비관, 병이 나빠질 거라는 걱정, 가족에 대한 죄책감 등 억눌렀던 사고나 감정을 알아차린다.

여러 가지 부정적인 감정에 '분노', '슬픔' 등 이름을 붙이고 내려놓는다.

⑤ 강한 부정적 감정이 떠오르면 마음을 열고 슬픔이나 분노라는 감정이 그곳에 있다는 것을 인정한다.

매트를 깔고 그곳에 있어도 좋다고 말해본다.

그리고 그곳에 잠시 머물거나 스쳐 지나가는 모습을 관찰한다.

⑥ 다음은 암에 걸려서 잃은 것과 얻은 것을 이미지로 그려본다. 잃은 것으로 괴로워하는 나에게 자비를 가진 나 자신은 어떤 말을 건넬까?

나를 안아주고 잠시 그 말을 들어본다.

그 순간의 감각을 음미한다.

⑦ 암으로 얻은 것이 있다면 어떤 것이 있을까? 암이라는 병은

고통만 주는 것이 아니라 우리에게 중요한 것을 생각할 기회를 준다.

자비를 품은 나라면 어떤 말을 할까?

나를 안아주고 그 친절한 말을 받아들이자.

⑧ 만약 잃은 것, 얻은 것에 대한 친절한 말이 떠오르지 않는다면 같은 일로 힘들어하는 친구에게는 어떤 말을 건넬지 생각해 보자. 그렇게 하면 언제라도 자비를 품은 나 자신에게 접근할 수 있다.

⑨ 병에 걸려 얻은 것이 하나도 없다고 생각하는 사람도 있다. 그렇지만 잃음으로써 얻는다는 것은 사실이다.

병에 대한 지식이 늘어날 뿐만 아니라 병으로 인한 스트레스에 강해진다든지, 또 자기 자신이나 타인에게 친절해지는 사람도 있다. 병에 걸린 경험을 살려 더 많은 사람에게 도움을 주기 시작하는 사람도 있다.

이 명상으로 예전과는 다른 강한 자기 자신의 모습을 발견할지도 모른다.

⑩ 그다음에는 암으로 괴로워하는 타인의 모습을 그려본다.

암으로 괴로워하는 사람은 수만 명에 이른다. 우리는 모두 고통 속에서 괴롭지만 건강해지고 행복해지기를 바라며 살아간다.

같은 괴로움을 느끼는 타인에게 자비의 마음을 보내본다.

⑪ 먼저 나를 위한 자비 명상(122쪽)을 수행한다.

나를 위한 자비의 마음이 따뜻한 감각을 만들어낸다. 그것이 점점 커지는 모습을 상상한다. 몸 전체로 널리 퍼져나간다. 당신의 따뜻한 감각이 암으로 괴로워하는 이 세상 모든 사람에게 닿을 수 있다고 생각하자. 그 안에는 나 자신도 들어간다. 암으로 괴로워하는 모든 이들에게 이 문구를 전해보자.

'암으로 힘들어하는 모두가 안전하고 마음이 평온해지기를'
'암으로 힘들어하는 모두가 건강해지기를'
'암으로 힘들어하는 모두가 사랑받고 애정으로 충만하기를'
'암으로 힘들어하는 모두가 누군가를 위해 그 경험을 살릴 수 있기를'

⑫ 이 명상에서는 생명으로서의 나와 타인의 공통성을 알아차릴 수 있다. 공통성을 깨달으며 병과 고독과 싸우던 내가, 병을 극복하고 타인과의 관계를 회복하여 앞을 향해 나아가는 나로 탈바꿈하게 된다.

생명에 직결된 병은 없애고 싶다는 거절의 마음을 강하게 만든다. 되돌릴 수 없는 실패 그 이상이 생명의 위기이다. 최근에는 의학의 진보로 그 위기를 벗어날 확률이 현격히 올라갔다. 반면에 상처받은 자신을 치유할 수단은 그다지 알려진 바가 없다. 하지만 셀프 컴패션의 실천을 통해 아픈 자리를 받아들여 절망에서 헤어나올 수 있다.

연습 과정에 보았듯이 내 몸으로 친절한 마음을 보내고 나 자신을 위해 친절한 말을 건네다 보면, 잃어버리고 얻은 바를 있는 그대로 받아들일 수 있게 된다. 병이나 아픔과 싸우려 들지 않고 지내는 것만으로 심리적 부담은 상당히 줄어든다. 병을 앓기 전의 나를 잃었을지라도 병을 겪은 후의 나를 얻었다.

명상을 하면 신체의 강점을 의식하게 되고 몸을 돌보는 일을 당연시하게 된다. 불규칙한 생활이나 폭음과 폭식, 담배나 술 문제가 있어도 자연스레 바로잡으려 할 것이다.

명상으로 병을 받아들이게 되면 자신의 미래와 인생의 의미를 생각하기 시작한다. 병에 걸린 자신의 경험을 바탕으로 이 세상에 도움이 되고 싶다는 생각이 커져서 다시 사람과 만나는 일이 즐거워졌다는 사람도 있다. 자신의 삶을 돌이켜보고 타인에게 그 이야기를 들려주고 싶어 하는 사람도 있다. 가족이나 주위 사람들에 대한 마음을 고쳐먹으면 감사와 기쁨을 알아차려 보답하고 싶어질 수도 있다.

오늘 내 마음은 명상

암에 걸린 후에 내 몸에 대한 염려와 타인을 배려하는 마음이 커지고 시간 활용법, 업무 수행 방식, 사람을 대하는 태도가 바뀔 수 있다.

이처럼 인생이 걸린 충격적인 사건을 경험한 후에는 삶을 살아가는 방식이나 사고방식이 성장하는데, 이를 심적 외상 후 성장이라고 한다. 조사 결과에 따르면 유방암 환자의 83%가 심적 외상 후 성장을 경험했다고 알려져 있다.

O는 셀프 컴패션 실천 방법을 권유받고 집단 프로그램에 참여했다. 참여를 통해 '내 몸에 감사하고 나를 소중히 여기자'라는 마음이 생겨나 직장에 복귀하기 위한 체력을 기르려고 걷기 운동을 시작했다고 한다. 병에 걸리기 전으로 애써 돌아가려 하지 않고 지금, 이 순간 내가 할 수 있는 일에 최선을 다해야겠다고 마음먹게 된 것이다.

우리 모두의
평온한 삶을 위하여

아무쪼록 여기까지 읽어 주신 독자 여러분이 셀프 컴패션은 일상생활 곳곳에서 적용 가능하다는 점을 충분히 이해했기를 바란다.

여러 가지 사례에서 보았듯이 고민의 원인은 사실을 있는 그대로 바라보지 않고 비판을 반복하는 마음가짐에 있다. 또 자기 자신을 비롯한 살아 있는 모든 생명을 '배려'하며 컴패션의 실천을 확대해 나감으로써 많은 것들을 극복할 수 있다는 내용도 전했다.

컴패션으로 인해 자기 자신과 타인을 용서하는 마음이 자라나고 상처가 치유되면, 원망과 분노가 사라져 마음의 평온이 찾아온다.

셀프 컴패션에 대한 연구와 실천은 세계적으로 폭발적인 증가 추세에 있지만, 한국과 일본은 아직 미흡한 상황이다. 우리는 자기비판을 수긍하는 문화에서 살고 있다. 자신에게 친절해지고 나와 타인의 행복감을 높이는 셀프 컴패션의 중요성을 이해할 필요가 있다.

이 책에서 소개했듯이 셀프 컴패션을 실천하면 일의 효율, 실적, 성적을 올리는 데에만 급급한 삶이 아니라 자신과 타인의 행복을 먼저 챙기며 일하는 삶을 기대할 수 있다.

실행에 옮기게 되면, 마인드풀니스가 일 자체에 동기를 부여하는 건 아니지만, 업무 성과를 높인다는 사실을 알 수 있다. 게다가 셀프 컴패션은 타인을 향한 분노나 편견을 없애고 함께 이루어가도록 동기를 부여해 서로 협조하게 만든다.

이런 힘을 자원으로 삼는다면 승패가 있는 경쟁일지라도 분노와 원망을 낳지 않고 서로의 좋은 점을 인정하며 행복을 일구는 일터와 교육의 장이 마련되지 않을까?

언뜻 대가나 평가에 의존하지 않는 업무나 교육 방식의 적용은 현재로서는 어렵다고 생각할지도 모르겠다. 하지만 개인적인 경험에 비추어보면 당신도 자비가 넘치는 사람을 만난 적이 있지 않은가? 또 우리도 매일은 아니더라도 친밀한 사람에게는 자비의 마음을 품는 날이 많다.

우리 안에 있는 '자비로운 나'는 언제라도 타인과 가까워질 준비가 되어 있다. 경쟁자나 싫은 사람에게 그 빛을 허용할 수 있는가는 고민하지 않아도 된다. 오로지 개인이 실천을 시작하느냐 마느냐의 문제일 뿐이다. 결코, 어려운 일이 아니라고 생각한다.

컴패션에는 또 다른 강력한 힘이 숨어 있다. 바로 생로병사에 관한 이해이다. 의학은 나날이 발전하지만, 우리가 자신의 생명을 어떻게 이해해야 하는가에 대한 논의는 거의 이루어지지 않고 있다. 우리가 생로병사를 통제하는 것은 불가능하다. 태어난 그 순간부터 언제 찾아올지 모를 죽음을 향해 다가가는 거라 말해도 과언이 아니다. 갑자기 감염병이 유행할 수도 있고, 천재지변을 만날 수도 있다.

셀프 컴패션을 실천하면 힘든 일이 있어도 생로병사에 번뇌하지 않고 지금 여기 살아 있다는 기쁨을 느낄 수 있다. 컴패션에 이런 힘이 있다는 것을 과학적으로 증명하고 좀 더 많은 사람에게 널리 알릴 필요가 있다.

생로병사에 관해 생각할 때, 셀프 컴패션과 마인드풀니스가 불교의 가르침을 바탕으로 한다는 사실도 알아 두면 좋을 것이다.

현재 여러 나라에서 마인드풀니스는 종교적 색채를 띠지 않

오늘 내 마음은 명상

는 과학적으로 입증된 방법으로서 확산하고 있다. 셀프 컴패션도 마찬가지로 종교적 색채를 지우고 널리 알릴 수도 있다. 하지만 불교의 가르침을 완전히 배제하기보다 오히려 조금이라도 언급하는 편이 실천 내용을 더욱 깊이 이해하는 데 도움이 될 것이다.

서양에서는 여전히 마인드풀니스의 양상과 문제점이 논의되고 있는데, 불교의 교리를 함께 가르치는 쪽이 좋을지, 불교에서 수행하는 장시간의 집중 명상 실천(리트리트retreat)을 도입하는 편이 좋을지 등이 연구 대상이다.

셀프 컴패션 연습에서는 자비를 품은 자신을 이미지로 그리는 것을 중시한다. 끊임없이 샘솟는 욕구와 욕망을 알아차리고 자기비판적 사고를 받아들이는 일은 그 사고를 만들어낸 장본인인 자신에게는 상당히 어렵다. 그럼에도 자비를 품은 또 다른 나라면 그런 당신에게 따뜻한 말을 건넬 수 있다. 또 다른 나는 당신 자신의 감정이나 사고, 감각을 알아차려 줄 것이다.

괴롭고 힘들 때 도와주는 친구는 당신 안에 늘 존재한다. 그 점을 알아차리면 생로병사에 얽매이는 일 또한 사라질 것이다.

이 책에서는 셀프 컴패션의 개념과 연습 방법을 소개했다. 다양한 연습을 통해 따뜻함과 친절을 경험했다면 뿌듯함으로 가습이 벅찰 것 같다. 셀프 컴패션은 반복하여 자신의 이미지를 그려봄으로써 스스로를 의지할 만한 친구로 만들어 준다. 책에서 소개한 일상생활에서의 연습 방법이나 삶의 방식을 참고하여 자신만의 방식을 찾아 계속 실천해 주기를 바란다.

마지막으로 모두의 행복을 빌며 마치겠다.

이 책을 손에 든 사람도 아닌 사람도 행복하기를.

이 책을 손에 든 사람도 아닌 사람도 너그러움이 자라나기를.

이 책을 손에 든 사람도 아닌 사람도 평온하고 자비로운 마음으로 나와 타인을 대하기를.

이 책을 손에 든 사람도 아닌 사람도 공포와 분노, 고민이 사라지기를.

아리미쓰 고키

오늘
내 마음은
명상

1판 1쇄 인쇄 2021년 6월 10일
1판 1쇄 발행 2021년 6월 25일

지은이 아리미쓰 고키
옮긴이 이미주

발행인 양원석 **책임편집** 차선화
디자인 강소정, 김미선 **영업마케팅** 양정길, 강효경 **저작권** 박성아

펴낸 곳 ㈜알에이치코리아
주소 서울시 금천구 가산디지털2로 53, 20층 (가산동, 한라시그마밸리)
편집문의 02-6443-8861 **도서문의** 02-6443-8800
홈페이지 http://rhk.co.kr
등록 2004년 1월 15일 제2-3726호

ISBN 978-89-255-8046-3 (03180)